极——简

PBL Simplified

项目式

6 Steps to Move
Project Based Learning
from Idea to Reality

学——习

6步让PBL
从想法变为现实

［美］瑞安·施托伊尔（Ryan Steuer）　著

沈立岑　译

中国人民大学出版社

·北京·

各方赞誉

传统的思维模式很难改变。为了实现这一点，我们需要借鉴一些成功的案例。本书是我们用来培训教师和改变其思维模式的绝佳工具。我还把书中的一些内容分享给了那些难以适应新学习环境的家长。

——香农·特里斯（Shannon Treece），校长

将项目式学习引入学校可能会遇到很多困难，因为它看起来不同于我们大多数人接受的教育。人们会对自己不了解的事物感到害怕，尤其是在已能轻松驾驭传统学校系统的情况下。只有目标明确、实施得当，项目式学习才能取得最好的效果。我认为本书提供了一个实用指南，帮助我们恢复教育应有的样子；引导学校突破传统教学模式，让学习者为走向世界做好准备。

——内森·曼利（Nathan Manley），助理学监

对所有已经实施或即将实施项目式学习的教师来说，本书都直击要害。书中的各章虽然篇幅较短，但简明扼要地阐述了重要的内容。针对项目实施过程中的每一步，作者都给出了只有经验丰富的教师才知道的建议。书中成功与失败的案例，也有助于我们了解这一过程的正反两面。

——安德鲁·沃特豪斯（Andrew Waterhouse），教师

本书详细介绍了问题解决的六个阶段，并深入探讨了如何在课堂上开展项目式学习。无论教什么学科，无论项目式学习经验如何，每位教师都能在本书中找到适用的信息，从而更好地在自己的课堂上开展项目式学习。这是

一本简明扼要、通俗易懂、内容丰富的书。

——特里什·伯恩斯（Trish Burns），教师

公共教育正面临空前严峻的挑战，优秀的教学确实非常困难，而项目式学习却能将教育工作者的诸多需求整合成一种实用的教学模式。作为一本面向教师的操作手册，本书让教师知道怎样在保证严谨性与相关性的同时，为学生创造不可思议的学习体验。我个人是项目式学习的忠实推广者，作者的引领和支持，帮助我成长为更好的自己和更好的领导者。

——杰夫·斯潘塞（Jeff Spencer），教育行政主管

现代教育存在着知识学习和基本劳动力技能发展之间的矛盾。学生基本技能的缺乏确实是一个很现实的问题，而项目式学习则能解决这个难题。但成为一名专业的项目式学习实践者需要大量的培训、实践和试错。本书揭开了项目式学习基本流程的神秘面纱，并以平易近人的方式进行阐述。教育范式要想从一个有着百年历史的陈旧系统中转移出来，速度会非常缓慢，但如果你已经拿起了这本书，你就站在了这场变革的前沿。

——安德鲁·拉森（Andrew Larson），教师兼作家

当前的教育系统并不能让学生掌握未来劳动力所需技能，这正是项目式学习对你的课堂如此重要的原因。本书将帮助你弄清楚如何迈出在学校和课堂上启动项目式学习的第一步。本书让这项艰巨的任务变得可行，新手也能轻松学会。这样，你也可以看到学生在项目式学习课堂上最大限度地发挥他们的优势，成长为出色的学习者。

——博比·汤普森（Bobby Thompson），校长

本书简洁明快，富有实践智慧和指导意义。作者在每章中都分享了他自己的失败故事和成功故事，因此你能够直观地看到每一个步骤，并从他的尝试中吸取经验教训。本书通俗易懂、深入浅出，无论你是项目式学习的新

手，还是已经让孩子们探索真实问题及解决方法的老手，它都将为你的实践提供指导。

——贝齐·彼得森（Betsy Peterson）

"学会给予"（Learning to Give）机构负责人

我们大多数人都是在传统教育模式下成长起来的；项目式学习这种与众不同的学习方式，对很多人，尤其是刚刚接触的人来说，可能难以理解。本书向我们呈现了校长、教师和学生在转向项目式学习的变革之旅中，是如何通力合作、共同成长的。我作为学监开始探索项目式学习以来，作者和他所在的机构"放大学习"是我们成功的关键。他们根据我们学区的独特需求，及时提供了教师专业发展支持和个性化项目支持。在他们的帮助下，我们对项目式学习有了深刻的理解。

——杰米·班德斯特拉（Jamie Bandstra），学监

Contents
目 录

序　言

我们的教育观念正受到冲击。很多大型企业在选拔人才时，不再把SAT 和 GPA①，以及名牌学校和资格证书作为关注重点；相反，他们更关注应聘者的思维模式，以及解决问题、领导团队和应对失败的能力。谷歌（Google）、苹果（Apple）、IBM、开市客（Costco）、诺德斯特姆（Nordstrom）、希尔顿（Hilton）、全食超市（Whole Foods）、企鹅兰登书屋（Penguin Random House）等公司最近都宣布不再要求应聘者拥有大学学位，转而寻找那些拥有实践经验和良好业绩记录的求职者。

当下正是关注项目式学习（Project Based Learning，简称 PBL）的绝佳时机。瑞安·施托伊尔（Ryan Steuer）拥有课堂教学和商业领域的跨界经验，因此他对教育的真正目的有着深刻的洞见。教育，不仅仅是为了传授知识，更是为了让学生准备好为我们共同生活的世界做出有价值的贡献。要引导学生在真实的学习体验中发现个人最重要的目标和对世界的贡献。

让我们一起回顾一下 20 年前的"学习"方式。那时的人们始终与同

---

① SAT（Scholastic Assessment Test），即美国高中毕业生学术能力水平考试，类似于美国"高考"；GPA（Grade Point Average），即平均学分绩点，通常用于统计学生高中或大学的在校成绩。——译者注

一群人待在一起。在你生活的地方，这些人可能是加油站的服务员、当地杂货店老板、你的父母、一两位老师，以及你的邻居朋友们。在学校里，会有一位老师负责指导你们全班同学的"学习"。如果你来自一个特权家庭，那你可能有幸拥有一套《大英百科全书》——它让你有机会接触到海量信息。高中毕业后，你面前的选择也很清晰。如果你想要继续接受"教育"，那你将会去一个掌握更多信息的地方——大学。

20年前，大学拥有庞大的图书馆，里面收藏着那些来自小镇的学生无法获得的书籍和研究成果。当时，只有少数人有机会上大学，不仅因为学费昂贵，还因为要延后四年才能工作。毫无疑问，那些大学毕业生可以接触到更多的知识和信息，并最终获得更好的工作和收入。由此，人们很自然地得出一个结论：如果你想要获得更好的工作和更多的收入，那你就必须得到并记住更多的信息。

但如今的情况又是怎样的呢？在过去的20年里，我们获取信息的途径发生了巨大的变化。现在，大多数人通过便携式设备，就可以即刻访问人类的知识库，还可以与全球范围内的智力精英和商业精英进行交流。无论你是来自美国亚拉巴马州的贫困家庭，还是来自纽约市的高收入家庭，抑或是来自肯尼亚内罗毕十一口人的拾荒者家庭，你都能接触到大量日益更新的信息。

我们的学习历来侧重于记忆。然而，今天纯粹的记忆已经不再有意义。要想取得成功，一个人必须在获得知识的基础上，进一步理解和应用知识。

信息的获取不再是一种特权，人们也不再需要去记忆和学习那些瞬间可得的信息。乌克兰的首都是哪里？只需要问一问手机，就能瞬间得到答案。3456的平方根是多少？也无须进行复杂的计算——任何人都能马上得到 58.79 的答案。这不是什么渐近式的改良，而是惊人的、颠覆性的飞跃，而这种飞跃也给我们的"教育"带来了巨大的影响。

本书清楚地描述了在项目式学习这种教学方式的帮助下，学生是如何通过积极参与对现实世界和个人有意义的项目来开展学习的。

我们如何回归这种以学生积极参与真实项目为核心的教育模式呢？我们眼看着家政课程和手工课程被取消，这样做只是为了能够积累更多的知识和信息。而早在公元 60 年，罗马斯多葛学派①的哲学家塞涅卡（Lucius Annaeus Seneca）就曾告诫说："我们有太多优秀的大脑，都因过度追求无用的知识而饱受折磨。"

作为一个贫穷的农家孩子，我把上学看作从整年 365 天艰苦的奶牛场工作中逃离的好机会。坐在干净整洁的教室里，只需完成简单的任务就能获得不错的成绩，这使我从挤牛奶和扔干草包中解脱出来，获得片刻的喘息。高中毕业后，我选择上大学，并不是出于职业发展的考虑，而是我在用一种社会认可的方式离开农场。我并不是为了获取信息或学习技能，只是想在农场有限的经营模式之外另寻他路。我从俄亥俄州立大学获得心理学学士学位后，选择继续我的创业项目。这个项目让我在毕业前还清了所有学生贷款。几年后，我又重返校园，获得了心理学硕士学位。但我依然无意将它作为职业路径或创收的基础，而是看作一个继续学习的机会。我享受这个过程。

又过了 18 年，作为一名作家和演说家，我取得了成功。我选择重返学术界，完成了自己的博士学业。尽管博士阶段的那些研究本身是有

---

① 斯多葛学派，又称斯多葛主义，是古希腊的四大哲学学派之一，也是古希腊流行时间最长的哲学学派之一。——译者注

价值的，但我发现，我们的教育系统并没有培养一个人创造可观收入的能力。

这就是当今教育的窘境。我们该如何平衡知识学习的价值和满足自我需求、过上富足生活所必需的创收能力？

我的孩子们小时候是小轮自行车高手。我们在为社区建造自行车赛道的过程中学习了离心力，还在建造斜坡和跳台的过程中学习了物理知识。这些斜坡和跳台能够将车手抛向空中，我们要确保它们在带来一定刺激的同时又不会有太大的危险。

我有三个孙女，在过去的五年里，她们和父母一起专职旅行。当被问及"你们在哪里上学"时，她们会回答："每个地方！"当被问及"你们的老师是谁"时，她们会回答："每个人！"在她们眼里，知识的学习和应用是融为一体的。她们在农贸市集里卖过松饼，也曾将自己创作的艺术作品上传到红泡泡网（RedBubble）[①]上进行销售，还饲养并出售过蛇。在这个过程中，她们学习了产品定价、库存控制和市场营销等相关知识。

本书让我们看到教育可以如何帮助我们的学生更好地适应当今不断变化的世界。在面试时，即使被问到"芝加哥有多少位钢琴调音师"这类费米问题（Fermi problem）[②]，他们也能够应对自如。这类问题通常没有一个准确的、可量化的答案。解决这类问题需要创新能力和创造性思

---

① 这是一个允许艺术从业者上传并销售自己作品的在线平台，用户可以购买这些作品的印刷品，如 T 恤、贴纸、海报等。——译者注

② 费米问题命名自物理学家恩里科·费米（Enrico Fermi），通常指把大的问题化整为零，分解成若干小的、次级的、更容易解决的问题，再逐个估算，最终得出近似值。——译者注

维，而不是靠死记硬背积累的知识。

本书为我们提供了用新方法来定义和解决问题的路线图。这些方法将激发学生和家长的参与热情，同时确保学生在未来能够获得更广泛的机遇，有机会成为创新的引领者——发展新想法，重塑旧观念，为人类的利益提供问题解决方案。

我要对你加入创新教育领导者的行列表示敬意。30 年后，学生回忆起你时仍会感到自豪。作为一名终身学习者，你把求知的快乐传递给了他们，而他们也会带着这份快乐，找到自己未来有意义、有目标和有价值的工作。

——丹·米勒（Dan Miller）

《48 天找到你爱的工作》（*48 Days to the Work You Love*）作者兼教练

导　言

实现你的初心

比起自己冲过终点线，激励更多人与我们一起奔跑，才是我们的目标。

——西蒙·西内克（Simon Sinek）

斯凯勒多年来对上学一直都不太感兴趣。他唯一的心愿就是能抽出更多时间和朋友们一起滑冰。一开始，斯凯勒的成绩还不错，但大约到了三年级，他意识到就算完全不做作业，也不影响一天两顿饭，也能照样和朋友们一起玩。只要保持安静，那些烦人的课就不会太碍事。就当他想这样随波逐流的时候，斯凯勒遇到了一群正在开展项目式学习的老师，他们打破了他学习上一贯的低迷状态。

你们面前的学习者，也许就和斯凯勒一样。他们拥有学习能力但缺乏学习动力；他们能指出你考试中的错误，却不愿意花时间去答题；他们让你陷入自我怀疑，因为他们即使不做作业，也能在考试中取得优异的成绩；他们充满潜力，却不自知。

刚刚是不是有几个名字出现在你的脑海里了？这就是教育工作者的伟大之处——我们的故事都有名字、面孔和命运！

继续说斯凯勒的故事。他生活在一个世代贫穷的家庭，他的家人和朋友都不重视教育，所以他对教育也抱持同样的态度。

和 21 世纪的大多数青少年一样，斯凯勒有一个自己的 Instagram[①]账号。开始时，他会拍摄公交车站的日出，并发布到网上和大家分享。过了一段时间，他发现自己有了一些粉丝，于是决定买一台更高

---

① 这是一个海外流行的社交平台，用户可以上传、编辑照片和视频，与其他用户分享并互动。——译者注

级的相机。他似乎天生就有一双发现美的眼睛。他开始拍摄自己的朋友们，还有州立公园的自然风光，他的拍摄内容和主题变得更丰富了。有一天，《时代》（Times）杂志找到他，问是否可以刊登几张他拍摄的照片。从那时起，情况开始发生变化。斯凯勒的账号平均每天新增 5000 个粉丝，直到他的粉丝数达到 48000！

这是一个真实的故事。《时代》杂志每年都会从美国各州分别精选出一个 Instagram 账号作为这个州的代表，入选的通常是专业摄影记者或独立摄影师。如果你搜索"《时代》杂志 Instagram 50"，就会发现代表印第安纳州的，连续几年都是斯凯勒的账号，而第一次入选时他只有 17 岁！对一个之前最大的愿望就是滑冰和闲逛的孩子来说，这是一个相当大的进步。斯凯勒现在有一个网站，在那里你可以买到他的摄影作品。他还得到了包括 Coleman[①]、Valvoline[②] 在内的不少知名品牌的赞助。通过教育和学习，他找到了一条通往自己梦想的道路。现在，斯凯勒一边在全美各地旅行，一边发现并捕捉大自然的那些美妙瞬间。

我不敢说自己曾在摄影事业上帮助过斯凯勒，但我想他会告诉你，那年第一次接触项目式学习的体验，给他带来了巨大的变化，他因此发现了学习和社群的重要性，以及终身学习的能力如何让他在自由摄影师和影响力博主的工作中受益匪浅。如果我们只关注教授例如复合句这样的知识点，而忽略培养学习者的问题解决能力和批判性思维，那将是我们教育工作者的失职。项目式学习可以成为构建课堂文

① Coleman 是著名的户外用品品牌，主要生产露营、徒步等相关装备。——译者注

② Valvoline 是著名的润滑油与汽车化学品品牌。——译者注

化和搭建课程结构的工具，帮助你在完成教学目标的同时，激发学习者的学习热情。也许你的课堂上也有一个斯凯勒，正等待着你引领他走向梦想。

项目式学习之所以能给学习者带来这些改变，是因为它赋能学习者，让他们发挥自己最大的潜能，为他们提供原本认为不可能的机会。简而言之，项目式学习让教师找到了自己的最佳位置，去实现自己作为教育工作者的真正使命。没有人进入教育行业是为了让孩子们成为平庸之人或通过标准化考试。我们成为教育工作者，是为了帮助年轻人达到新的高度，激发他们所有的潜能，让他们看到自己真正的选择。

项目式学习是一种与众不同的教学模式。它既强调动手实践和主动学习，也强调动脑思考和反思学习、解决问题。本书也是这样编写的。在阅读本书的过程中，你可以选择一个项目创意，这样你就可以边阅读边设计、修改。

我要提醒大家的是，本书不仅简化了项目式学习的流程，还是你分析和调整当前教学实践与思维模式的起点。一排排课桌、重复的作业本、过时的教科书，传统的教育模式使学习者变得被动，即使他们在学校考试中取得了好成绩，他们的未来也会因此受到影响。项目式学习能够为学习者赋能，让他们用不同的方式看待自己和世界。通过项目式学习，我们看到学习者已经准备好在这个世界上找到属于自己的位置，一个他们可以茁壮成长并做出有意义贡献的地方。当遇到问题时，他们会思考如何解决，而不只是被动接受。

项目式学习的这种赋能，不仅能改变学习者，往往也能改变教育者。你终于能够用你一直以来期望的方式——那种你从电影里看到的、足以改变学习者人生的教学方式开展教学。请回忆你在学校里最有意义的一段经历。当我问美国各地的教育工作者，对他们来说最有意义的经历是什么时，他们从来不会说八年级时写的五段式作文，而总是提到使他们改变周围的环境，并以某种方式为他们赋能的某个项目或活动。

我希望你保持开放的姿态，找到最适合你的学习者的方式。在这方面要自私一点儿。请认真阅读本书的每一部分，思考它如何适用于你和你的学习者。

为了帮助你更好地理解将相关内容运用于你的课堂会是什么样子，每一章都包括以下内容：

- 解释项目式学习的一个关键要素
- 成功故事
- 失败故事
- 要点
- 从哪里开始
- 思考问题

前几章遵循开展项目式学习的流程，但每一章也可以单独阅读。因此，你既可以跳到满足你当前需求的章节，也可以按顺序阅读这些章节以了解全貌。

说到这里，你们中的大多数人可能已经明白，当前（基于工业革命）的教育模式需要转变。如果你想了解更多这方面的信息，可以搜索一下肯·罗宾逊（Ken Robinson）爵士在 YouTube 上关于教育范式的视频。其核心思想是，被动学习和简单服从只会培养出优秀的考试得分者，在撰写本书的当下，这并不是我们希望为学习者创造的未来。在21世纪，没有任何一个组织希望办公室里的30个员工只会拾人牙慧。事实上，雇主们经常说的是，他们正在寻找具备以下条件的员工：

- 能解决问题
- 能清晰地表达和沟通
- 有团队合作精神
- 善于独立思考
- 对工作饱含热情

所以，我们选择用真实性来对抗当前教育模式造成的冷漠。当我们通过项目式学习，让学习者在解决真实问题的过程中，从漠不关心转变为积极主动，我们就是在为他们将来取得成功创造最大的机会。至于他们是要成为工程师还是包裹处理员，其实并不重要。学习的能力和寻找新机会的能力对每个人都很有帮助。

在开展项目式学习的初期，我们通常会从一个极具吸引力的"入项活动"开始一个学习项目，以学习者进行出色的展示结束。然而两者之间往往会呈现出"中间一团糟"的情况，因为虽然我们努力地帮助学习者开展小组合作、学习课标内容，但不够结构化，也缺乏清晰的流程。如今我们的实践与探索已经成熟。我们有了可以遵循和复制的结构与流程，能确保所有学习者都迈向成功。由于有了巨大的个性化空间，创新将永远成为教育的一部分，但我们需要基本的结构来发挥甚至提升创造力。

　　未来，我们不仅需要终身学习者，还需要能够解决问题、善于沟通、追寻梦想、全身心投入的学习者。学校可能仍将是知识学习的中心，但随着知识内容的触手可及，虽然我们的口袋里装着所有我们需要的答案，但仅仅向学习者提供答案将不再是解决之道。人生游戏的赢家，是那些能够利用信息实现自己的目标并帮助他人的人。

　　21世纪的文盲，不再是那些不会读写的人，而是那些不会学习，不能够将自己归零与重构的人。

　　　　　　　　　　——阿尔文·托夫勒（Alvin Toffler）

　　市场营销专家说，在介绍这本书的时候，应该把问题放大，但其实我们已经深陷问题之中了。我们每天都能看到学习者消极漠然、无动于衷，他们宁愿去看社交媒体，也不愿思考如何实现梦想。作为教师，我们被要求实施的新想法太多、太杂，很容易失去对这项工作的热情。项目式学习能给学习者带来我们一直渴望的参与感，也能为我们的教学提供一个框架，从而把很多想法整合在一起。一直以来，我们都被各种各样的问题包围，现在就让我们开始解决这些问题吧！

　　多年来，每次带领教师专业发展课程时，我都会引用西蒙·西内克在TED演讲中提到的黄金圈理论作为开场，因为它把我们的关注点指向"为什么"。根据黄金圈理论，有效的沟通始于"为什么"，然后是"怎么做"，最后才是"做什么"。而在日常对话中，我们经常从"是什么"开始，甚至从未谈及"为什么"。然而，"为什么"才是我们力量的源泉。例如，认识新朋友，被问到"你的工作是什么"这个典型问题时，你可以按照常规的方式回答"我是一名教师"，但这会让对方把自己心目中的教师形象投射到你身上。如果你换一种回答方式，把"为什么"放在前面，又会是怎样的呢？

"因为我相信孩子们拥有巨大的潜能，等待着为这个世界贡献自己的力量。我想激励他们成长为终身学习者，把世界视为一系列他们可以帮助解决的问题。而这一切都是我作为教师的使命。"

下次再有人问你这个问题时，不妨试试这样回答。保证你们的对话会更有成效！

那么，为什么要开展项目式学习？为什么是现在？

我开始意识到项目式学习的必要性，是因为我的一位学习者在高一上学期辍学了。我当时甚至不知道那是合法的！

我在决定成为一名教育工作者之后，便离开了一家《财富》50强的工业工程公司，开始以一名八年级英语教师的身份来拯救世界。我试图吸引学习者，但似乎并不奏效。尽管有小部分学习者取得了巨大的进步，但我投身教育是为了帮助所有孩子看到更多的机会。我努力地与孩子们建立关系，尽我所能把工作做好，但没过多久，我就意识到光有热情和爱是不够的。

作为一名前工程师，我的逻辑很简单：如果我正在做的事情行不通，那就应该做出一些改变。当时，一位同事已经开始尝试项目式学习，于是我也加入其中。在这一过程里，我们会犯错，也会让学习者知道我们犯的错误，这样我们就可以一起学习和成长。在实施了一段时间后，效果显现出来了。出勤率提高了，违纪现象减少了，考试成绩提升了，而且我的学生成为能够解决自己的问题的学习者。我正在实现自己的教育初心。大多数教育工作者都有相似的初心。当我问来自美国各地的老师们为什么选择教师这个职业时，他们告诉我：

- 我喜欢看到那些灵光乍现的时刻。
- 我想让我的学习者看到自己的全部潜能。
- 我的学习者有巨大的潜能，可以成为很棒的人。我想让他们知道自己有多么特别。
- 我上学时，有一些不好的经历；我想让我的学习者知道，他们是被爱着的，他们可以实现自己的梦想。

我们都希望自己的学习者能获得最好的机会。这对有些人来说，可能意味着上两年制或四年制大学；而对另一些人来说，可能意味着上职业学校，或者直接进入职场。我们最大的希望是，无论学习者选择什么，他们都能对自己的选择感到满意，并有能力取得好成绩。对我和很多伙伴来说，项目式学习就是让学习者获得这种机会的关键工具。

成功故事

开展项目式教学的这些年里，我们有了更多像斯凯勒这样的成功故事——故事里的这些学习者，拥有全然不同的背景，他们来自不同的经济阶层和不同类型的学校（包括农村、郊区和城市学校），有的才刚开始学习英语。我们积累了这么多成功故事，在本书的每一章里我都会分享其中的一两个。

当我分享这些成功故事时，你可以想一想，你希望过去你教过的哪位学习者当时能有类似的成功经历。帮助学习者获得成功，是你选择这份职业最重要的原因。希望这本书不仅能成为你开展项目式学习的入门指南，而且书中的故事、名言和可能性能激励你一步步迈向你希望为学习者构建的那个未来。

失败故事

就像你在课堂上所做的任何改变一样，你的项目式教学实践一定会有需要改进的地方（也称为失败）。重要的是，要预料到你的这趟旅程不会一帆风顺。这期间一定会有风险、挑战和失败。但是，只要你选择继续走下去，即便是失败，也是好的——用成长型思维看待失败。我们希望学习者离开我们的课堂后也能用成长型思维看待失败，最终获得成功。

通过示范一个不要求完美的、健康的成长过程，我们教会了学习者成长型思维。老师作为榜样，向学习者展示成长型思维、坚持和勇气，比任何有关这一主题的学习单、视频或书籍都要有力量得多。

尽管总结你自己的失败故事很有价值，但我还是在每一章中加入了一两个他人的失败故事，以帮助你避免一些常见的错误，从中吸取教训。这会让你少走一些弯路，也会让你知道自己并不是孤军奋战，从而走得更远。要知道，改变的过程从来都不是完美的，而你有很多同行者。

完美主义乃拖延症之母。

——迈克尔·海厄特（Michael Hyatt）

从哪里开始

所有非凡的旅程都是从一小步开始的，你也需要迈出你的一小步——一个行动，一个开端。一艘船如果有一个正常运转的舵，船长就可以将船驶向任何方向，几乎可以到达任何地方……除非船不动了。如果船不动了，就算舵可以来回转动，也只会溅起水花，使船来回摇晃。一旦船动起来了，它就可以驶向目的地，而舵会修正航向。

拿起这本书的时候，你就开始了你的项目式学习之旅。你将通往一个充满参与感与成就感的目的地，你将实现自己的初心。你是一位勇敢的船长，你的船正在航行，你可以照着地图（本书）持续前进，并在过程中修正航向。

就像你的学习者来自不同的背景一样，阅读本书的你也有着自己的理解和经验。有些读者可能需要关于社区合作伙伴的章节，而有些读者则需要关于评分的章节。在每一章中，都有关于从哪里开始的说明。无论你是经验丰富的项目式学习老手，还是刚刚接触项目式学习的新手，你都能找到开始或继续旅程的起点。

千里之行，始于足下。

——老子

相关资源

在我和伙伴们开展项目式学习的初期，我们会定期正式或非正式地聚在一起，分享有用的教学资源。例如，史蒂夫说："我的小组合作进行得不太理想。有人有什么好办法吗？"接着凯特就说："我一直在使用这份小组合约，它对我的帮助很大！你要不要试一试？"

我们分享并创建教学资源，以解决课堂中遇到的问题，创造更多的精彩。勇敢的读者，考虑到本书中的资源是在多年的教学实践中不断创建和修订的，这些都将成为你的助力。你可以访问网址 https://magnifylearningin.org/free-resources，来获取免费资源。这些资源可以让你的教学变得更加结构化，帮你构建一个积极投入、富有成效的学习环境。

思考问题

问题会促使我们思考新的可能，引领我们持续投入与探索。它们适用于课堂，我也将它们运用于本书。老师们，请花点儿时间写下你的答案，这将有助于加深你对相关内容的理解。若想更进一步，你还可以与你的朋友或同事分享答案。每一章我都准备了一些问题，以激发你探索的兴趣，帮助你应用。

1. 谁是你的斯凯勒？某位曾经成功实现大逆转的学习者？分享时请列出他们的名字。回想一下你与他们在一起的时光，找出一些具体细节，帮助你更真实地回忆这段经历。
2. 你希望从项目式学习中获得什么？
3. 你希望学习者从项目式学习中获得什么？

第一章

已见成效，正在传播

教育的目标不是传授知识，而是激发行动。

—— 赫伯特·斯宾塞（Herbert Spencer）

当谈及项目式学习时，总会有人说："我已经开展项目式学习很多年了，只是我们没有这么叫它。"我认为，本书中的项目式学习与你们可能在课堂上做过的传统项目不尽相同。真实性以及与社区伙伴的合作，是区别两者的关键。此外，学习流程上也存在一些结构性差异，而这决定了你的努力能否取得成功。多年来你热衷使用的很多资源仍然适用于项目式教学，只是需要改变顺序，以便促进探究和为学习者赋能。传统的项目是在学习开始后才启动的，但在开展项目式学习时，我们希望从一开始就提出项目创意和问题情境。

在介绍具体流程之前，我想先给大家分享一个真实的例子，从中你会体会到我前面提到的顺序上的差异。你可能会觉得有些不安，但像这样的不安是有益的。最深刻的学习，往往发生在我们的舒适区外。

我们都会有一些很棒的项目需要走出课堂，走进社区。当孩子们亲手实践并产生影响时，总是会有惊喜，但你能否觉察到项目是如何改变课堂的动态来赋能学习者的？

当我与威兹德姆夫人的三年级学生合作时，我们用一个入项活动来启动这一项目，目标是落实三年级最难的两个课程内容：周长和说服性写作。三年级的所有班级都集中在一间教室里参加入项活动。在启动环节，我们没有用儿童喜闻乐见的语言来向他们介绍课程标准，而是用一个值得解决的问题来激发他们的热情。我们请来了当地老年中心的执行主任。许多学习者从未接触过社会服务机构的负责人，因此这次会面本身就拓宽了他们的视野。主任谈到，老年人在家中无法获得适当的营养，因此老年中心的午餐成为他们获得健康饮食的主要来源。主任继续说道："我们社区里的爷爷奶奶们需要人帮助他们保持健康，你们这些年轻的慈善家愿意帮忙吗？"

三年级学生都热情地回答说他们想要帮忙。意识到自己能够帮助他人，这项工作将非常重要，他们忍不住欢呼起来。接下来，我问他们是否愿意帮助老年中心建造高架种植床。更多的欢呼声此起彼伏。

然后，我问大家是否知道如何计算种植床四边的长度，以便购买搭建所需要的砖块。在一阵窃窃私语后，我终于听到有人怯怯地问："周长？"那语气只有在课堂上才会出现。

"是的！"我惊呼道，"周长！这里有谁能够算出周长，帮助我们建造种植床？"

我平时主要带八年级学生，所以我没想到向三年级学生提出这个问题时，每个人都举起了手。他们的老师笑着对我摇摇头，表示他们中很少有人真正知道周长，因为还没有教过。于是我把问题改成"有多少人在周长测验中不会答错"。

大多数人的手都放了下来。我说："朋友们，这样可不行。你们想帮助老年中心的老人吗？"很多学生大声说："想！"我接着说："如果我们不知道如何计算周长，又怎么能帮助老人改善健康状况呢？"

一阵戏剧性的停顿。

"这里有人能教我们有关周长的内容吗？"

再一次戏剧性的停顿。

"威兹德姆夫人，你能教我们有关周长的内容吗？"

她站了出来，说："当然可以！其实我教了十年周长了。"

我接着问："年轻的慈善家们，为了帮助老年中心的老人，你们有多少人想让威兹德姆夫人教你们周长？"大家都欢呼起来。

这就对了！为老师教给他们新知识而欢呼。也许以后你在启动周长单元时也会得到学习者同样的反应，但更有可能的是你只是看到了学习者在学习参与度上的转变。当学习者主动要求老师教授基于课程标准的学科知识时，我们便知道项目式学习给课堂教学带来了变化。**我们从"为什么"要学习周长入手，吸引了一屋子的慈善家，让他们对学习周长充满了兴趣**。请再次仔细阅读这句话，以免错过这个关键的转变。这句话不是从"什么是"周长开始，而是从"为什么"要学习周长开始。周长在生活中有很多应用，但学习者最关心的是如何运用周长来解决他们眼前的问题。对这些三年级的学习者而言，学习周长是为了能够帮助爷爷奶奶们过上更健康的生活。要想在高二学好几何，你需要用到周长知识吗？当然！但三年级的学习者并不关心这个。至于"为什么"要学习周长，他们只关注离他们最近的应用场景。项目式学习，让学习者更清楚"为什么"要学习这些课标内容，从而发自内心地想要学习这些内容。

同过去的很多年一样，威兹德姆夫人还会继续教授周长单元，但这一次，她还教会了学习者什么是慈善家！在收集并基于课堂学习数据开展个性化教学的过程中，她仍需要参考学习一些优秀实践案例，但上面提到的"为什么"，已经贯穿了整个单元，并持续推动着整个项目。项目式学习并不会取代你多年的课堂教学，而会将事物重新排序，给你提供一个新的结构。它把"为什么"放在了最前面，以便学习者可以清楚地看见。

‖ 成功故事1

成功故事1的主人公是埃利斯·奥利弗（Ellis Oliver），一个思维敏捷、善于思考的高二学生，来自佛罗里达州的巴布科克邻里学校（Babcock Neighborhood School），该校采用项目式学习这种教学模式。埃利斯从学习者的角度，为我们提供了有关项目式学习的见解。

项目式学习是激发学生学习积极性的绝佳方式，它让我们能够亲身实践所学知识。我们把现实世界中的问题与课业相结合，找到解决方案，并将想法变为行动。我在巴布科克邻里学校已经有了五年的项目式学习经验。刚开始，高要求、高期望的项目可能会让人难以接受，但这种学习方式的好处远超传统学校的死记硬背。我们可以掌控自己学习和传递信息的方式，这往往需要创新思维和创造力。我们还要善于发现同伴的长处。美妙之处在于，在项目式学习中有各种不同的工作、任务和机会，让每位学习者都能找到最适合的参与方式。有时，你可能不得不走出自己的舒适区。但有一点可以保证，那就是学习者能够从项目式学习中获得未来生活所需的重要技能。

我最喜欢的一次项目式学习，是受委托在我们学校所在社区建造"可持续住宅"。我们研究了如何将太阳能用于房屋建造，并挑选了合适的材料来调节屋内的温度。我们不仅要制作房屋的3D模型，还要通过温度测试来测定效能。对于所有这些工作，我们都会邀请社区合作伙伴来帮助我们更好地理解手头的任务。在这个项目中，我们邀请了巴布科克邻里学校的工程师珍妮弗·兰盖尔（Jennifer Languell）博士，为我们介绍给房屋模型隔热的不同方法。社区合作伙伴为项目注入了活力，也给了我们机会去学习未来工作中所需的技能。在项目的最后，我们还需要推销和"出售"我们的房屋。

项目式学习并不总是轻松有趣的。有时，我们必须接受自己的想法行不通的事实，这可能会很难。并不是我们开展的所有项目式学习都会成功，就像在现实生活中并不是每个想法都是正确解决方案一样。我们需要不断地尝试和犯错，并从过往的错误中吸取教训。如果一个想法失败了，你要继续验证下一个想法，直到找到完美的解决方案。坚持不懈是关键。

在普通的公立学校，想要通过期末考试，你就必须学习相关材料。而在项目式学习中，我们更关注学习究竟是为了什么。知识的应用变得至关重要，而我们的就业技能（Employability Skills）[1]也得到大幅提升。如果你也想让你的学习者参与到有趣而有意义的学习中，我鼓励你加入我们，一起探索这种令人惊叹的学习方式。项目式学习使我从学生中脱颖而出，帮助我做好了应对未来挑战的准备，让我成为一名终身学习者。项目式学习真的太棒了！

‖ 成功故事 2

安妮是密苏里州的一名资深教师。她满怀激情地教了 15 年小学

---

[1] 就业技能是指个人寻找和获得工作，并在工作岗位上继续发展所需的技能，包括沟通能力、团队合作能力、批判性思维能力、问题解决能力等。——译者注

生。在参观了印第安纳州哥伦布的一个项目式学习示范点后，安妮开始了她的项目式学习之旅。安妮和一些老师回到自己的学校后，把真实的学习体验带给了他们的学习者。学习者的参与度非常高！安妮感叹道："为什么在之前的教学生涯中我没有采用这样的教学方式？"

永远不要怀疑，一小群有思想、有决心的公民就能够改变世界；事实上，世界常常是因为这些人而改变的。

——玛格丽特·米德（Margaret Mead）

项目式学习改变了安妮及其学习者的世界。我们经常听说老师们在实施项目式学习后，发现自己的职业焕发出了新的生机。

‖ 失败故事

唐的故事与安妮的故事相似。唐已经教了 15 年书，越来越难以在课堂上保持投入的状态。考试成绩、行政要求和 16 项待执行的教学措施，已经完全磨灭了他对教学的兴趣和热爱。他简直不敢相信，但他已经在考虑彻底离开教师岗位了。要么离开，要么就这样一直干到退休，但这并不是他从事教学的初衷。唐选择教师这个职业，是为了帮助学习者看到他们以前没有看到的新机会。在那些灵光乍现的时刻，他能明显看到学习者有所收获！唐在自己所在学校看到过项目式学习的培训，但他放弃了，因为他觉得这不过是第 17 项所谓的教学措施而已。而且，对现在的他而言，学习新东西似乎太难了。他能学好吗？

唐的故事严格来说是虚构的，尽管我这有数百个像唐这样的故事，但因为没有获得许可，所以我不能把它们写入书中。我在美国各地与教育工作者交流时，经常听到这样的故事：教育工作者知道他们需要改变，但与此同时，他们又觉得自己对未来没有把握，不敢改变，或者因为太担心自己没办法做到完美，所以不去改变。他们最终决定原地踏步。他们目前的工作也完成得不错，但他们知道还有更好的方式。他们当初也是怀揣着满腔的热情走上了教师这条道路。

你现在有机会成为安妮，而不是唐。我创办了一个名为"放大学习"（Magnify Learning）[①] 的全国性组织，在过去的十多年里，我们一直在培训像你一样充满热情的教育工作者。书里的成功故事，都来自这群教育工作者，和你一样，他们也选择了一条少有人走的路。他们也曾经历失败，但他们实现了自己的初心，这让一切都变得不同。为了你和你亲爱的学习者，项目式学习之旅值得一试。

要点：无论你在教育的道路上走到了哪一步，你都可以开始尝试项目式学习，并亲眼见证它带来的改变。

---

① "放大学习"是由本书作者瑞安·施托伊尔创办的一家致力于推广项目式学习的教师专业发展机构。该机构致力于为教育者提供培训、资源和持续的支持，使教育者能够实施高质量的项目式教学。——译者注

从哪里开始

在项目式学习发展初期，老师若想把这种全新的学习体验带给学习者，意味着他们要花费大量的时间和精力去尝试、犯错，为学习者创建结构与流程。如今，随着项目式学习的发展，有越来越多的工作坊和相关资源，你可以用各种方式开始你的项目式学习之旅。

我建议，你可以从访问一所正在开展项目式学习的学校开始。如果多打听一下，你就能从其他人的分享里找到这样一所学校。在"放大学习"，我们有示范点可以参观。我们可以介绍你去印第安纳州的哥伦布和印第安纳波利斯、密苏里州的尼欧肖或佛罗里达州的巴布科克牧场，保证你能看到高质量的项目式学习活动。顺便提一句，上面提到的巴布科克邻里学校，紧邻一片绝美的海滩！

思考问题

1. 关于威兹德姆夫人的故事，你喜欢的是什么？
2. 你对威兹德姆夫人的故事感到好奇的是什么？
3. 是什么驱动着你踏上项目式学习之旅？
4. 你可以邀请谁和你一起加入项目式学习之旅？

第二章

第 1 步：定义问题

解决问题和做出正确决策的能力，是衡量一个人领导力的真正标准。

—— 布赖恩·特雷西（Brian Tracy）

为了帮助你了解项目式学习的过程，接下来的六章是依据开展项目式学习的六个步骤，按顺序排列的。做好项目启动，是成功完成一个项目的关键。在开展项目式学习之前，我们需要明确课程标准和学习者待解决的真实问题。然后，我们将通过一个入项活动来启动项目，旨在激发学习者的热情，并明确项目的预期成果。

在规划项目式学习时，我们首先要考虑的是要融入哪些课程标准。这不仅因为我们生活在一个热衷于标准化考试的世界中，还因为课程标准为我们具体的项目内容提供了基础。只要我们在解决实际问题，就一定离不开各种课程标准。在现实世界中，人们阅读和撰写非虚构文本、做预算、计算周长、开展实验等，都会涉及课程标准所要求的技能。

毅力和韧性只有在解决棘手问题的过程中才能获得。
——基弗尔·塔利（Gever Tulley）

我们需要找出内容丰富且最具有实际应用价值的课程标准，也有人称之为重要标准（power standards）或关键标准（critical standards）等。比如说，能选议论文写作就不要选俳句写作。议论文写作是一项重要标准，它有助于培养学习者的多项批判性思维技能，使他们能够有理有据地陈述观点，并以特定读者为受众进行写作。它还能从多方面促进学习者成长，培养他们在生活中用得上的有用技能。尽管俳句也是诗歌学习的一部分，但学习者在生活中很少有机会用到俳句，并且俳句知识也很难迁移到其他领域。你可能要花费四周的时间来完成一个项目，因此，最好确保你选择的课程标准值得花这么多时间。

选择课标内容，就像做财务预算一样。当你的钱花完了，你就不能再买其他东西，所以你必须确保你买的是你真正需要的东西。学年结束时，你就不能再教更多的东西了，所以要充分利用时间深入探究那些有意义的课程标准。如果把议论文写作比作晚餐主菜，那俳句就像是棉花糖。不可能在一学年内将所有课程标准都融入项目，因此要确保有目的地选择其中最重要的。与传统教学相比，项目式学习往往能够给教师带来更大的灵活性，使他们有机会将更多的课程标准融入项目。因此，你可能会发现，一个项目可以落实不止一项课程标准。例如，你可以将每年都潦草应付的演讲和倾听技能，与所有项目里的公开展示环节相结合，这样一来，这些技能就和议论文写作课标融合起来了。

一旦明确了要融入的课标，你就可以通过入项活动来定义问题。为了确保问题的真实性，你可以邀请社区合作伙伴发起入项活动。如果你的问题来自现实世界，那么在真实生活中就一定有人在努力地解决同样的问题。我想这些人会愿意与你的学习者交流，因为大多数人都希望为他人提供帮助，并对自己的工作充满热情。我们将在第八章深入探讨社区合作伙伴。现在，你需要一个真实问题让学习者在参与解决的过程中学习课标内容。你还需要提出一个驱动问题来引领整个项目。

驱动问题将是你整个项目的一个统领性问题。它就像一把伞，项目所有活动都将在伞下发生。因此，它必须是开放的，指向多种解决方案，至少不是仅仅通过网上搜索就能解决的问题。如果可以在网上搜索到答案，或者用简单的"是"或"否"来回答，那么这个问题就不够深入，不值得花四周的时间去研究。这样有现成解决方案的封闭式问题，也无法激发学习者运用批判性思维寻求创新解决方案。

驱动问题将会是整个项目的大本营。在实施项目式学习后续其他步骤的过程中，你将持续回顾驱动问题。在整个项目式学习过程中，驱动问题应始终展示在教室的前方。如果我来参观你的课堂，你的学习者要能清晰地向我介绍这个项目的驱动问题。有些项目式学习教师整个学年都会把所有项目的驱动问题张贴在教室的墙上，这样学习者正在解决哪些真实问题就一目了然。

举个例子，在遗传学项目中，当你和学习者讨论庞纳特方格（Punnett Squares）[①] 时，你可以回到驱动问题，提醒学习者进一步思考我们为什么学习这个内容："作为年轻的科学家，我们怎样才能在孩子被诊断出患有遗传疾病时，帮助他们的家人了解相关知识，从而让他们更好地应对疾病所带来的影响？"这个驱动问题会提醒学习者，他们正在积极地影响世界。这种"崇高的为什么"会引导和赋能学习者进行更深入、更主动的学习，而不是仅仅为了通过考试而

---

① 庞纳特方格俗称棋盘法，是由英国遗传学家庞纳特首创的一种用于计算杂交后代的基因型比例和表现型比例的方法。——译者注

学习。

> 每个项目都是一个机会，让我们去学习、去发现和解决问题、去创造与重构。
>
> ——戴维·罗克韦尔（David Rockwell）

待优化的驱动问题	优化后的驱动问题
为什么我们需要直线的斜截式方程？	作为经济学家，我们如何帮助人们理解供需关系，以便他们创办尽可能好的企业？
美国内战的起因是什么？	作为政治顾问，我们如何教导我们的社会，让公民了解一个国家的分裂对它的未来所产生的负面或正面的影响，以便他们采取积极的行动？
为什么锻炼很重要？	作为健身专家，我们如何为繁忙的专业人士量身定制训练计划，以便他们更好地生活？
周长的重要性体现在哪些方面？	作为营养学家，我们如何帮助老年中心提供更好的食物，以便提高老年人的生活质量？

要为第 1 步设置一个基准点（benchmark）[1]，你可以请学习者来撰写问题陈述和驱动问题。不妨请他们先明确自己对所提问题的理解。以遗传学项目为例，问题陈述可能是这样的：那些遗传病患儿的

---

[1] 基准点是教师在学生迈向最终学习目标的过程中，设定阶段性标准并据此衡量学生进步情况的评估节点，它使教师能够通过识别学生个人或集体的优点和缺点来创造个性化的学习体验。——译者注

家人需要他人的帮助，以了解更多疾病相关信息，以及如何为他们的孩子提供最佳的照顾。

然后，让学习者用自己的话复述驱动问题，以证明他们理解了自己的角色和任务。学习者可能会补充教师提出的驱动问题，从而形成自己的版本：作为一名遗传学专家，我该如何创作一份公益宣传资料，让家长了解孩子所患的遗传疾病，以便他们为照顾孩子的特殊需要做好充足的准备？

驱动问题的通用格式

作为＿＿＿＿＿＿＿＿＿（角色），

我们如何制作／创造＿＿＿＿＿＿＿＿＿（行为动词加上最终成果）

以便＿＿＿＿＿＿＿＿＿（上述行动产生的影响）？

在进入第 2 步之前，学习者应该提出一个经过深思熟虑的驱动问题。项目式学习让学习者有机会代入一些全新的角色。学习者现在是以作家、营销人员、科学家、教育家、博物馆馆长等身份，进行写作、创造与展示的。角色认同对学习者如何展望自己的未来有着重要的影响。

入项活动将为整个项目激发热情、引发探究，并激励学习者积极参与到项目中来。这听起来不正是开启一个项目的绝佳方式吗？在学习者了解了"为什么"而学，以及自己在解决问题中担任的角色后，第 2 步，你就可以向他们传达你的期望。

‖ 成功故事 1

一次，我邀请本杰明·哈里森（Benjamin Harrison）① 故居的负责人走进我们的课堂，发起入项活动。他提出了这样一个真实问题：本杰明·哈里森故居经常会到学校举办工作坊，但参加的大多是小学，很少有初中。他希望我们的学习者能为故居打造一套全新的课程。在入项活动中，学习者体验了原来的初中课程，了解到他们将设计一套可供全州学校购买的全新课程。这是一个多么真实的问题啊！八年级的学习者要为一个真正的非营利组织编写课程，供现实中的学校购买，让他们的学生使用。入项活动还提出了一些具体要求，这为接下来的第 2 步做了很好的铺垫。本杰明·哈里森故居的项目预算为 500 美元，项目成果的展示要能脱离网络，且贴合初中生的课程标准。项目的目标是，在课程中融入本杰明·哈里森故居的内容，并能吸引初中生。本杰明·哈里森故居作为真实的用户，将选出最佳方案来实施。这是一个很有说服力的理由，让学习者能够突破教室的围墙，去产生真实的影响。

‖ 成功故事 2

这个成功故事来自资深项目式学习教育工作者安德鲁·拉森。安德鲁是印第安纳州哥伦布 CSA 新技术学校的导师。请继续往下阅读，了解真实性是如何体现在这个项目中的，因为他的学习者在研究过程

---

① 本杰明·哈里森是美国第 23 任总统。——译者注

中，发现了一种在北美从未被任何科学家归类的酵母菌！

我最成功的一次经验来自2013—2014学年的AP^①生物课。我与普渡大学的一位老朋友兼实验室伙伴约翰·卡瓦列托（John Cavaletto）在一次谈话中达成了合作。为了让我的学习者参与他正在进行的一个研究项目，他（两次）驱车两小时来到哥伦布。该项目是对植物表面酵母菌的生物多样性展开调查，这是几乎在所有植物表面都能找到的无处不在的物种。我们的任务是收集它们，放入器皿中培养并纯化菌落。

接下来，约翰协助学习者准备聚合酶链式反应（Polymerase Chain Reaction，简称PCR）所需的样本，这与检测新型冠状病毒的程序相同。他在我们学校用一台烤面包机大小的热循环仪完成了PCR，然后将样本带回普渡大学进行DNA测序。结果出来后，他会将其与全球数据库中的样本进行匹配，并将链接发给我们，供我们分析。纯净培养的植物表面酵母菌外观独特；它们不像老面包上的霉菌那样毛茸茸的，而是黏糊糊的（更像细菌）。想想看，这竟然是寒冬腊月从邻居家的一棵日本紫杉树的叶子上分离出来的……科学真是太神奇了！

研究结果表明，我们的学习者采集到的酵母菌样本中有一种在北美从未被鉴定过。尽管这一发现还不足以治愈癌症，但它也为科学

---

① AP是"Advanced Placement"的缩写，指的是美国大学先修课程。AP课程是在高中阶段开设的具有大学水平的课程。成功完成AP课程并通过AP考试的学生，会获得与大学课程对应的学分。——译者注

信息库做出了贡献。据我所知，这是所有科学教师的梦想。2014 年，该项目获得了新技术学校联盟（New Tech Network）①的"最佳真实性奖"。除此以外，我们还被要求制作一段视频，重点介绍该项目。学习者制作了一段视频，并在全美峰会上向全场的教育工作者播放。我们当地的报纸和普渡大学校友会也报道了此事，这是一个特殊的时刻。

当我们第一次从约翰那里获得消息和链接，得知我们的发现非常罕见时，学习者都不敢相信。对学习者而言，这像是中了大奖一样。他们已经习惯了把科学看作一大堆知识，而不是一个发现的过程。毫无疑问，他们需要转变思维。我之所以认为这个项目是一次巨大的成功，是因为它让我们看到，公众也可以为科学做出贡献。这正是我的学习者从这个项目中获得的启发。

这个项目带给我的另一个重要启示是，作为教育者，我们不必自己构思所有的创意，也不必从头开始创造所有的奇迹。在这个案例中，我把我的朋友请进我们的课堂，就像他欢迎我们参与他的研究一样。这样的合作，产生了一种协同作用。我认为，我们完全可以在一些现成的项目框架中，融入课堂学习内容，从而为学习者创造更好的学习机会；也许是作文比赛，也许是当地商会发起的创业挑战。这并非投机取巧，而是善用资源。

必须指出的是，即便我们没有幸运地取得科学发现，这个项目仍

---

① 新技术学校联盟是美国的一家非营利组织，致力于研究和推广包括项目式学习在内的教育创新，以支持更多学校为所有学生提供包容的文化和高质量的教学。截至 2022 年，已经有 200 多所成员学校。——译者注

然是成功的（这个项目我至少重复了两次，就新酵母菌物种的发现和奖项而言，我们并没有更多的突破）。你一定听说过"运气是自己创造的"这句老话，它也适用于这个项目。我们之所以幸运，是因为我们在这个项目中抓住了机会。

‖ 失败故事

我决定和我的学习者一起研究全球饥饿相关的问题。我向他们提出了这个来自现实世界的问题，并等待着奇迹发生。结果我发现，学习者认为所有挨饿的人都在非洲，而解决这个问题的主要办法就是为他们提供罐头食品。我想保证他们的发言权，所以就顺着他们的想法说了下去。我问他们计划如何支付运输费用，他们想到了通过替他人洗车来赚取。我又问他们洗车所需材料从哪里来，他们提出要在午餐时售卖糖果。就这样一直发展下去！很快，我们就想象着靠卖糖果攒齐了洗车工具，又靠洗车筹到了近 5000 美元，给我们素不相识的人送去了罐头食品。学习者热情高涨，兴奋不已，但随着时间的推移，这种兴奋感开始减弱。

最后，我叫停了这场闹剧，建议大家试着为当地的公益食物分发站（food pantry）提供帮助。这时，一位学习者提到他的妈妈是那里的志愿者，可以免费把我们想要的任何东西送到社区中心。

等等，什么？我们怎么会错过这样的信息？

理智最终占了上风，我们用自己当下所拥有的力量，为所在社区做出了力所能及的贡献。从这次失败中，我学会了应放眼世界，但也要立足本地。如果没有努力尝试、经历失败，我永远也不会学到这一课。我的学习者也在和我一起学习。我向他们坦承了这次失败，但我们都因此更加理解帮助他人是怎样的一个过程。那次学习催生了好几个社区服务倡导和一个非营利组织，所有这些都是由学习者发起，而不是由我发起的。他们之所以能学会这个过程，是因为我把自己的失败经历和学习体会透明、公开地分享给了他们。

要点：真实的项目式学习需要基于课程标准和真实问题。

从哪里开始

你可以从深入研究你所教的课标内容开始，找到其中最重要的那些。并非所有的课程标准都同等重要。正如我前面提到的，俳句和议论文写作都是课标规定内容。而在这两者中，有一个更能帮助你的学习者学习如何解决问题，有理有据地说明观点，并在标准化考试中取得好成绩。希望你现在已经知道是哪一个了。但无论如何，你都应该加入这场讨论。筛选重要标准并不是什么新的想法，围绕这一点的讨论早已开始。试着做一些研究，去看看其他人重点关注的是哪些内容。在我撰写本书时，推特（Twitter）① 或谷歌（Google）是加入这类讨论的好地方。

一旦确定了重要标准，你就为启动一个项目做好了绝佳的准备。

---

① 推特是一个海外社交媒体平台，其功能与国内的微博相似，2023 年 7 月更名为 "X"。
　　——译者注

你需要在你的项目中将真实性和课程标准进行融合。我们很难找到一个与课程标准全然无关的真实问题，而那些最能为学习者的未来赋能的课程标准，就是一个可靠的起点。

思考问题

1. 你的学习者可以解决什么问题？

2. 你可以邀请哪个社区合作伙伴参与这个项目？

3. 你可以与谁分享你的项目创意以获得快速反馈？

第三章

第 2 步：明确评价标准

人们在失败中迈向成功。

——玛丽·凯·阿什（Mary Kay Ash）

完成第 1 步后，你已经有了一个整合了课标的真实问题，而你的学习者也正兴致勃勃地参与到解决问题的过程中来。在第 2 步中，我们要为这个问题添加结构，以确保我们能够引领学习者走向成功。最近有一句话很流行："我们需要为孩子们留出失败的空间。"这句话有一定的道理。我们确实需要为学习者留出一定的空间，让他们能够自主地完成任务。一方面，我们会为他们经历重重困难最终获得成功而感到兴奋；另一方面，也要为他们创造合适的环境，最大化其成功的可能性，这是我们作为教师的职责。

实操层面，我在本章中加入了创建评价量规、限制条件等内容，这些内容有助于我们梳理须知问题（Need to Knows）[①]。在第 1 步中，学习者设想解决方案时，可能会天马行空。他们可能会想通过骆驼、热气球、卫星为有需要的人投放食物。想象是深入探究和项目成功的重要组成部分，但我们的学习者可能从未真正接触过现实世界中的问题，也不了解实现这些想法所需要担负的责任、获得的许可，以及支付的成本。在第 2 步中，我们要做的是，在给予学习者鼓励的同时，增加适当的结构来帮助他们取得成功。结构并不一定会扼杀创造力。

---

① 须知问题指学生为解决一个问题而需要知道和掌握的一系列问题。——译者注

无限制，不自由。创造力在结构中蓬勃发展。

——朱莉娅·卡梅伦（Julia Cameron）

虽然已经有研究证明，结构对学习者而言非常有帮助，但盲人学校的故事最能形象地说明这一点。曾经在一所盲人小学里，导师们试图帮助盲人学习者最大限度地利用课间休息时间。学习者有 6 亩的操场可以玩耍，但他们出门后通常只会走不到 20 米。尽管他们信赖的导师一直保证他们有足够的空间玩耍，他们也能听到操场另一边的汽车声，但他们还是会紧紧地靠在门边。一位新导师加入了团队，她深知结构作为安全保障对创造力激发的重要性，因此她建议在操场外围安装围栏。在操场紧贴马路的边缘安装完护栏后，学习者小心翼翼地向新护栏走去。在导师的引导和鼓励下，他们走过去触摸护栏，也听到了汽车的声音，这才跑着、翻着筋斗回到教室。从那天起，学习者知道了护栏就在那里，知道了中间的空间是为他们准备的。现在，他们可以自己探索操场，因为他们知道结构会确保他们走在正确的道路上。这个故事让我们明白，结构对学习者和我们教育工作者都有好处。

评价量规是项目结构的重要组成部分。我们应该在项目初期就向学习者展示评价量规，这样他们就知道在这个项目中我们对他们有哪些具体的预期。在项目初期向学习者展示评价量规，同样有助于激发探究热情。学习者在浏览评价量规的过程中，如果遇到自己没有学过的内容，就会产生疑问。而这些疑问将以须知问题的形式呈现，从而驱动整个项目的持续探究。例如，当学习者在评价量规上看到"血管成形术"这个词时，他们就需要知道这个词的定义，以便完成他们的项目目标。他们可能会问："什么是血管成形术？"然后我们就可以这样回应："好问题！谢谢你们的提问。看来我们需要先掌握这些术语才能进一步解决问题。那需不需要我安排一次工作坊（workshop）① 来协助你们回答这个问题？"

在这一过程中，你要做的就是确认他们的问题，向他们保证后面你会回答他们的问题；如此一来，你就能很自然地就某个课程标准开展工作坊。在学习者探索评价量规的过程中，须知问题会不断增加：

- 这个什么时候要交？
- 我们可以分组讨论吗？
- 我们可以使用什么技术工具来展示？
- 什么是复合句？
- 我们如何与医生交流？

须知问题的重要性不尽相同，因此，将它们分门别类是很有必要的。找到适合你自己的分类方法，但一定要将"我们什么时候做公开展示？"这样的项目管理型问题与"什么是血管成形术？"这样的内容驱动型问题区分开来。在整个项目过程中，须知问题清单应该不

---

① 工作坊是一种以学生为中心组织课程和课堂时间的方法，通常包括教师简短讲解、学生自学、小组讨论、全班分享等流程及形式。在工作坊中，学生可以围绕某个主题进行深入探究和实践，寻找解决方案，从而最大限度地提高学习效率；教师可以观察学生的进步，并根据他们的需求进行个性化教学。——译者注

断更新，以支持学习者持续探究。随着项目的开始，你将通过工作坊回应相关的须知问题；然后，你和学习者将一起把已经解决的问题从"须知"栏移到"知道"栏。从"须知"到"知道"的转变，向每个人展示学习正在发生，而且在不断持续。随着学习者对某个主题有了更多的了解，他们将会提出更多有针对性的须知问题，这是另一种很好的学习体验。确认每一个新的须知问题，有助于培养探究文化。

探究文化是课堂背后一股强大的力量。教科书可能将导入问题或吸引注意力的问题称为某一学习单元的探究问题，但这些都是非常表面的探究。你需要的是一种探究文化，在这种课堂文化中，学习者充满好奇，知道你会确认并回答他们的每个问题。随着探究文化的建立，它将成为推动学习者不断前行的动力。新学习者或社区合作伙伴也会感受到这股力量，并被它带动。当提问和好奇成为常态时，你就不再需要强调了。学习者积极参与项目，将不仅是受你的影响，更是被探究和好奇的文化推动。

刚开始尝试让学习者自主提问的教师，经常会问我这样一个问题："如果我的核心课标没有出现在最初的须知问题清单中，那我该怎么办？"我会告诉他们，和学习者共创须知问题清单是一门艺术。我们希望学习者有自驱力，所以我们期待他们提出的问题能够引发后续工作坊的活动。我们还希望引导学习者攀登仅凭他们自己无法达到的新高峰，因此在形成探究文化之前，我们还需要给予他们一些指导。对上述问题的快速回答是，你仍需要教授课程标准，所以，你要确保它们出现在最初的须知问题清单中。下面是一些问题示例，可以帮助你培养学习者的探究精神，引发他们提出更多的问题。

- 有人注意到评价量规中提到了庞纳特方格吗？你们知道庞纳特方格是什么吗？

- 你们中有多少人给当地政府官员写过信？一场关于写信的工作坊是否对你们有帮助？

- 我知道你们以前学过西方文化相关内容，但有人需要一场复习工作坊吗？

- 你们注意到我们正在使用至少两种新技术吗？有人需要一场工作坊来讨论一下我们拥有的不同可能性吗？

这些问题中的任何一个，都比"因为课标规定了，所以我们要学习这些内容"的说法更有力量。一旦你在黑板上列出了须知问题，你就有权教授相关内容，所以要确保核心课标出现在这个清单上。如果你还没有完全掌握个中技巧，你可能需要说得更直接一点儿，比如："还没有人提到有关写作的内容，但为了帮助你们给当地政府官员写出最好的信，我需要开展一场关于写作的工作坊。我把它放在这里，可以吗？"像这样基于须知问题增设工作坊，肯定比"我说学，你们就得学"的表达更好。

 只有提出正确的问题，才能让你更快地找到解决方案。
——罗宾·S. 夏尔马（Robin S. Sharma）

你还可以基于数据创建须知问题，这样就能确保即使学习者没有提及，你也能把他们需要学习的课程内容安排上。如果你问一屋子的八年级学生是否知道复合句，大多数人会说："当然！我们在六年级时就学过了！"但是，每个人的真实想法可能不尽相同。并不是他们有意说错或误导，而是因为每位学习者都有自己的理解。比如：

- 当比利说"当然！"时，他实际想表达的是"我记得史密斯夫人在课堂上说过这些"。
- 当阿黛尔说"当然！"时，她实际想表达的是"我能认出复合句，但我自己写不出来"。
- 当约莎白说"当然！"时，她实际想表达的是"我能认出它们，在写作时，我会时不时地在句子里加一个逗号"。
- 当杰伊说"当然！"时，他实际想表达的是"我能用连词和逗号连接两个独立的分句"。

这些学习者并非故意欺骗，只是他们看待学习的方式不同。围绕句型知识精心设计的 20 道前测题目，可以识别出有不同教学需求的群体。这些基于数据的须知问题是无可辩驳的，因为数据会显示学习者是否需要学习这些内容，而不是他们自己说了算。学习者无法选择工作坊。每个学习者将会参加不同的工作坊，其中有些学习者可能需要参加测试。

说到底，你创建的须知问题使你在回答学习者提出的"我们为什么要做这些"这个无法回避的问题时更有底气。有了共创须知问题这个可靠过程，你就可以如实回答："我们安排这场工作坊，是源于你们的需求。别忘了，这场工作坊旨在回答须知问题，目的是帮助你们完善解决方案和成果展示。"这样的回答，比我们常说的"课标规定了，所以我们这样做"或"你在大学里会用到，所以我们这样做"要好得多。这些理由也许是对的，但它们离学习者太远了。我们要提出最贴近学习者的理由，因为这才是他们最感兴趣的。

你是否再次感觉到了态度上的转变？现在是学习者请求你教他们！

一天之内，你不仅启动了一个极具吸引力的项目，还搭好了一个支持和引导学习者取得成功的结构。你把课标融入现实世界，让学习者知道比分数更重要的是他们到底为什么而学。现在不再是你拉着学习者前进，而是他们在推动着自己向前。只有当问题被明确地提出并结构化后，我们才能开始寻找可能的解决方案。

┃ 成功故事1

与学习者一起制定成功标准很重要，因为这样我们就可以确保他们朝着正确的方向前进。我发现在项目启动初期就把评价量规拿出来，学习者更有可能走上正轨。开始尝试项目式学习后，我发现所有学习者竟然都提交了作业。通常有 20% 左右的学习者根本不把作业放在心上，我早已习惯了这一现象，所以这个完成率在我看来是非常高的。尽管每个人都交了作业意味着我的批改工作增加了，但对我来说，这是一个甜蜜的烦恼。在很大程度上，我把这样的成功归因于学习者从项目式学习开始的第一天起就拥有的清晰度。一开始，学习者就知道项目的预期，有充足的机会提出自己的疑问，我们也鼓励他们这样做。

成功故事 2

我曾经有一个学习者叫西蒙，他的平时成绩是全校最低的，也就是说，在 951 名学习者中，某次线上考试他的得分垫底。除了不努力之外，他也确实有一些公认的学习问题。通过项目式学习，我们看到他的成绩直线上升。第一个 25 分的提高，归功于他终于开始认真学习了。这说明项目式学习可以转变学习者的学习态度。随后，他取得了更大的进步，非常接近年级平均水平了。第二次分数的提高则是因为他重新开始提问了。曾经的他也会提问，但由于落后太多，没人有时间帮助他。在创建须知问题的过程中，他看到自己提出的问题被转化成后续有针对性的学习活动，一起参与的还有其他有着相同疑问的学习者。他还通过了一些测试，可以不参加相关工作坊，这也是前所未有的。无论他是否需要帮助，特殊教育教师课堂上总会过来看看，对此他已经习惯了。我将工作坊进行了差异化，这满足了西蒙的需求，并让他看到他提出的问题正在得到解答，这重新燃起了他的兴趣。他提出了更多的问题，也因此学到了更多的知识。

失败故事

在某次创建须知问题的过程中，我停下来回答了其中一个问题，因为我觉得这样会更清晰。尽管我的本意是好的，但事实上，我搞砸了整个创建须知问题环节。当时，我停下来分享了我们将在项目中使用的一种新技术。这样做的结果是，我们的须知问题清单上，突然多了一大堆技术方面的问题，而这些并不是我试图通过这个项目引导学习者学习的重要标准。这个班级的学习者提出了很多有关技术的问题，而鲜有指向课标的问题。为了弥补这个错误，我把其他班级的须知问题整合了进来，形成一个更完整的问题清单，而这个清单仍然真实地来自学习者。想要在学习的过程中给予学习者自主权，不仅需要经验和规则，还需要信任。有时我们作为教育者需要适时退后一步，给学习者留出空间。只有我们把发言权交给学习者，他们才会积极地参与到学习中来。

要点：成功标准将帮助学习者明确目标和规范。

从哪里开始

询问学习者对某个主题已经有哪些了解，以及他们还要掌握哪些知识才能在这个主题上更上一层楼。进行快速的前测，以了解学习者的知识储备。然后询问他们对哪些方面感到好奇。问问学习者他们想学什么，这会赋予他们更多的自主性。他们很可能会把你导向你已经计划好的方向，但他们希望那是他们自己做出的决定。花 15 分钟，去试试吧。

思考问题

1. 在课堂上减少一些控制，是你想要有所成长的一个方面吗？

2. 你是否目睹过学习者因为结构而获得了更多的自由？

3. 如何通过评价量规向学习者传达你的期望，并以此为依据进行评分？

4. 在你的脑海中，一个优秀的最终成果是什么样的？

第四章

第 3 步：研究解决方案

研究，是正规化的好奇心；是怀揣着目标的探索。

——佐拉·尼尔·赫斯顿（Zora Neale Hurston）

"**什**么都没做的孩子，为什么能拿到和我孩子一样的成绩？"

"我要自己完成所有任务，这样才能确保结果是正确的。"

"他们已经把任务都完成了，那就让他们做吧。"

这些熟悉的说法，让大家对小组合作望而生畏。这也是为什么我们要用第 3 步来避免出现上面提到的这些情况，让学习者能够在第 4 步之前尽量保持独立学习的状态。

小组合作，固然有助于培养学习者的合作能力，但这并非培养合作能力的唯一方法。即使学习者还没有组成正式的小组，你也可以使用规程（protocol）①来帮助他们合作。毕竟，如果合作仅仅是把学习者分成小组，那食堂就能满足我们所有的合作需求了。但我们都知道，食堂无助于开展真正有意义的合作。它缺少结构、目的和意义这些真正合作所需的关键要素。我将在下一章中介绍如何创建有意义的小组，并向你展示如何通过制定可靠的小组合约，来为小组提供结构、减少麻烦。但在本章的"研究解决方案"中，学习者将在你的带领下完成大部分课标内容的学习。

第 3 步是结合项目背景，进行基准式学习。你要确保学习者通

---

① 规程是旨在促进有意义的交流、高效沟通和问题解决的结构化流程，通常由明确的步骤和程序组成。它可以为积极的倾听和反思提供时间，并确保所有参与者的声音都能被听到。——译者注

过内容工作坊掌握课程标准，这些工作坊是根据第 2 步中学习者的须知问题和基于数据的须知问题创建的。请注意，你最好在这个过程中进行评分，以检验学习效果。通过在第 3 步中记录学习过程、进行评分，你可以创造更真实的成果展示。学习者在展示最终成果的时候，就不用背诵事实以便你记录分数，而是充分展示他们针对真实问题的创新解决方案。

告诉我，我会遗忘。教给我，我会记住。让我参与，我才能学会。

——本杰明·富兰克林（Benjamin Franklin）

根据须知问题创建工作坊

在第 1 步中，你启动了项目，激发了学习者的兴趣、参与热情和好奇心。在第 2 步中，你询问了学习者，要解决真实问题，他们需要回答哪些须知问题。第 2 步生成了学习者要求参加的工作坊清单。在第 3 步中，你将把这些须知问题转化为工作坊。大多数情况下，这些工作坊是围绕你多年来一直专注的最佳教学实践展开的。

如果你希望像第一章中的威兹德姆夫人那样，让学习者积极参与关于周长的工作坊，你首先要向学习者说明，这个工作坊是应他们的要求开设的。记住，这是秘诀。要让学习者为了能最好地解决真实问题而主动要求你教他们。威兹德姆夫人会把整个项目的主要驱动问题、本工作坊的驱动问题以及学习目标都展示在教室前方的黑板上，就像这样：

项目驱动问题： *作为营养学家，我们如何帮助老年中心提供更好的食物，以便提高老年人的生活质量？*

本工作坊驱动问题： *为了建造种植床，我们怎样才能掌握周长的计算方法，以便订购正确数量的砖块？*

学习目标：

- *计算学习单上给出物体的周长*
- *测量实际物体的周长*
- *绘制种植床比例图*

在这次工作坊中，学习者很清楚地知道他们为什么要学习周长，也知道这与整个项目的联系。威兹德姆夫人可能会围绕周长这一主题进行直接授课、举一些例子、安排练习时间，并通过小测验或测试来了解学习者对内容的掌握情况。

威兹德姆夫人还会为学习者准备一些工作坊，以便他们补习相关知识。如果学习者在周长测验中的得分低于 80 分，那么他们就需要参加工作坊，以提升他们对周长的理解。在这样的工作坊中，这些学习者得以设计出更好的方案，来解决手头上的真实问题。这听起来比"我没有时间给你补课，你自己学吧"或"你必须参加这次补习，因为你数学不好"要好得多。我们希望所有学习都是围绕真实的驱动问题展开的，它推动着我们共同学习。

在威兹德姆夫人与这部分学习者开展补习工作坊时，其他学习者在做什么呢？这是一个价值百万美元的差异化教学问题，也是项目式学习之所以如此成功的主要原因之一。我发现，项目式学习为差异化教学提供了真正的解决方案，你不再需要为不同程度的学习者单独准备学习内容。当威兹德姆夫人在与一个需要个性化关注的小组一起学习周长时，其余学习者则在制订他们的种植计划，测量和规划要放在种植床里的东西。威兹德姆夫人需要用 10—15 分钟为个别学习者补习，并在结束时检查他们的理解程度；与此同时，班上其他学习者也能够在项目的引领下做着有意义的工作。这种个性化学习，正是项目式学习的秘诀之一。通过这样的方式，那些参与个性化教育计划①（Individual Education Plans，简称 IEPs）的学习者也能取得超越预期的成绩。

首先，个性化教育计划为参与的学习者提供了一个保障机制，确保他们能够及时获得需要的学习支持。其次，工作坊模式消除了额外帮助可能会带来的羞耻感——通常，特殊教育教师会突然出现在教室里，说"那五个孩子跟我来"。现在，我们让任何需要帮助的人（你很清楚有些学习者并没有得到他们需要的支持）都能够获得及时的帮助，因为寻求帮助并不是一件坏事。寻求帮助，是成长型思维的一部分。我们每个人都会在某些方面需要帮助，以发挥自己的最佳

---

① 个性化教育计划是一项主要针对特殊需要学生的教育政策。这项政策旨在为这些学生提供个性化的学习路径和学习支持。教育工作者、学生、家长以及其他专业人员会合作，以确保学生能在最有利的学习环境下接受教育。——译者注

水平。

所有这些都应该在最终成果展示之前进行。请不要等到最后 5 分钟展示时，才对所有学习内容进行评分。本着允许失败的原则，你当然可以自己试试看这样做的后果，但在第 3 步中进行基于课标的评分，对你和学习者都会有好处，具体原因如下。

首先，你不可能在 5 分钟的时间里，对四位小组成员的全部学习情况进行评分。想象有一间教室，前面站着四位学习者，你和五位社区合作伙伴一起坐在下面观看他们 5 分钟的展示。社区合作伙伴在纸上用"我喜欢"和"我想知道"的简单句式（这是个好主意）来给出反馈，而你面前有四张评价量规，上面列着从演讲技巧（如眼神交流）到知识内容（如周长、复合句、重要日期和庞纳特方格）等五项评价指标，你需要为每个学习者填写这样的评价量规！如果你光是想象一下这个场景，就感到血压升高，那就对了。你最终会焦头烂额，如果你还能对学习者的掌握程度做出公正的评估，那真是太令人惊讶了。

其次，也是最重要的一点，当你试图对展示的所有内容进行评分时，这个展示就会变得不那么真实，变得更学术。学习者不再是向自然资源局展示他们为当地公园消灭入侵物种设计的创新解决方案，而是一遍又一遍地重复同样的事实，以确保他们能拿到分数。各个小组也都会反复介绍相同的内容，以获得分数。如果你发现，不同小组重复呈现完全相同的信息，这就表明这个项目不够真实，而且这对社区合作伙伴来说也很无聊。如果你遇到这种情况，不要着急，记录下你的失败，并在计划下一个项目时牢记本章的内容。

如果自然资源局能从你的学习者那里获得 7—10 个新的想法，

那不是很棒吗？让展示尽可能真实。从第 3 步开始记录学习证据，这样到了第 5 步，面向专业听众时，学习者就能做到尽可能真实地展示他们的解决方案。

 研究，就是看别人看过的，想别人没想过的。
——艾伯特·森特－哲尔吉（Albert Szent-Gyorgyi）

你仍然可以通过小测验、测试等传统的基准评估方式，来了解学习者是否掌握了课标规定内容，或者是否需要额外的帮助。事实上，你需要确保学习者在展示之前就已经掌握了所有关键内容，原因有二。第一，你希望学习者能够做好充分的准备，展示他们新学的知识和技能。第二，在项目结束后再想弥补学习上的漏洞往往会更加困难。如果我们在第 3 步中及时查漏补缺，那仍然在项目期内，为了增进参与，我们还可以说："今天的工作坊，是为了让大家都能够更好地掌握写作技巧，以便为你们的小组任务和最终展示做更充足的准备。"我们在帮助学习者赶上进度的过程中，为他们提供额外的背景和动力是非常有效的。

在第 3 步中，我们充分利用了学习者在入项活动中被调动起来的主动性和积极性。他们知道了项目的全貌，也明白了实现目标所要学习的内容。学习者有了主动参与的热情后，我们就可以进一步提高学术要求！如果只提高学术要求而忽略参与热情，就会导致精心策划的课程无人响应。所以，先提高参与度，再提出学术上的要求。

‖ 成功故事 1

上面我们提到，教师试图在展示环节完成所有评分。从这个失败故事中，我得出了两条重要经验，值得每个人参考。第一条重要经验是，在前三步里，尽可能保证学习者的个性化学习，从而在一开始就营造一种氛围，即每个人都要对自己的学习负责。这并不是说学习者不能合作，而是说没有人能躲在小组里。通过个性化测验和基准评估，我们可以在重要的展示日之前了解哪些人已经步入正轨，哪些人还需要更多帮助。

‖ 成功故事 2

第二条重要经验是，确保安排一个模拟展示日，这样我们才能知道学习者要讲些什么。最终的展示日就像比赛日。在展示的过程中，你可以做的指导并不多，所以你应该在学习者面向社区合作伙伴展示前，就对他们将要展示的内容做到心中有数。

在某个项目中，艾米丽很早就向她的老师和一小部分同学展示了她的想法，以收集大家的反馈。这种提前的、低压力的展示，也能帮助学习者更好地适应最后的公开展示。在提前的优化规程中，她的老师成功地发现了一个大问题——艾米丽的想法完全偏题了。他们要解决的实际问题是创建一家以绿色能源为核心的小微企业，而艾米丽分享的是她想要帮助当地动物收容所收养动物。这与评价量规或驱动问题几乎没有任何联系。好在这次提前的展示暴露了她的错误，使她能够及时发现并纠正错误，有时间重新修改计划，并最终完成了精彩的展示。如果她最终面对专家们展示她跑题的内容，那每个人的感受都会是非常糟糕的。有了重新修改的时间，艾米丽自豪地向当地商界领袖专家们展示了她的商业计划。

⫼ 失败故事

我笑容满面地坐在那里，准备向社区合作伙伴展示学习者创作的优秀作品。这个项目源于真实的问题，项目启动很顺利，最终产品也令人兴奋，因此我对学习者的展示满怀期待。然而，听完几组的发言后，我发现90%的发言时间都被小组里学术能力最强的学习者占据了，而其他学习者则坐在后面看着，只参与回答直接向他们提出的问题。我脸上的笑容逐渐消失，并陷入了沉思。然后，我提出了自己的疑问：

我：为什么你在小组展示时不发言？

学习者：她知道的比我多，所以我就让她说了。

我：你也做了研究，你为什么不分享一些呢？

学习者：我的任务就是在网上找图片。

我：哦。

在之后的章节里，模拟展示还会再次出现，但现在请让我花点儿时间强调一下它的重要性。如果我能够安排一些时间，让学习者在我和同伴面前提前练习，就完全可以避免这个失败。你需要设置一个模拟展示的基准点，因为你需要知道学习者将要讲些什么；而学习者在面向社区合作伙伴展示前，也需要一个较小的压力测试。

要点：在第 3 步结束时，学习者应能在研究解决方案和相关知识的过程中贡献自己的力量。

从哪里开始

为学习者创造一个能够吸引他们深入探究的机会。你可以保留所有你常用的基准点，以确保方向是正确的。但比起直接在课堂上讲授所有的知识，你可以筛选一下，哪些主题需要由你来讲授，哪些主题可以让学习者自学。如果学习者还不习惯进行开放式研究，你可以为他们提供可信的网站或应用程序，供他们访问并检索信息，通过这种方式来为他们的学习过程提供支架。毕竟，让未经培训的学习者在网上自由搜索，期待他们能找到有用的信息，极有可能让你收获又一则"失败故事"。

思考问题

1. 你在小组合作上有什么失败故事？
2. 本章中提到的一些想法，对避免失败有什么帮助？
3. 你能否与一位英语老师合作，就调查研究的方法与最佳实践开展一次工作坊？

第五章

第 4 步：选定解决方案

合作，就像一瓶用新鲜想法调配成的碳酸饮料，能够迸发出你单打独斗时难以想出的创意，这能让你走得更快。

——卡罗琳·戈恩（Caroline Ghosn）

如果所有学习者都研究了问题的解决方案，也参加了内容工作坊，那么他们大概率已经为积极加入小组做好了准备。把小组合作推迟到第 4 步，我们就能确保学习者在项目中的大部分成绩都是来自他们个人。每位小组成员都能独立解决问题、进行研究、制定方案，在做好准备前不会依赖彼此。需要注意的是，尽管在第 4 步之前保持学习者的独立性是有益的，但这并不意味着学习者都知道如何高效地进行团队协作、分工或选出最佳解决方案，因此，我在本章中将探讨与小组合作有关的内容。

在开始讨论小组的结构和动力之前，我想说的是，在整个项目开展过程中，一个人独立一组也是可以的。在你的第一个项目里，尝试一人小组是个不错的想法。一人小组可以让你和学习者适应项目式学习的流程。就像做科学实验一样，你不会希望同时有太多的变量。一旦你和学习者都熟悉了项目式学习的术语和体系，你们就可以尝试小组合作了。小组合作能够让学习者掌握未来职场所需要的协作能力，以及我们的毕业生经常缺乏的人际交往能力。最近的一项调查指出："雇主希望求职者具备'人类独有'的技能，但要找到这样的求职者并不容易。近四分之三的雇主表示，很难找到具备公司所需软技能的毕业生。"

为确保你的首次项目式学习小组合作能取得成功，你需要足够的结构化支架的帮助。

团结就是力量……团队协作，方能铸就辉煌。

——马蒂·斯特帕尼克（Mattie Stepanek）

小组合约

小组合约是重要的结构化的问责文档，能提升整个项目学习过程的专业性。小组合约包括以下重要组成部分：

- 组内的角色分工
- 组员的优势与劣势
- 组员的联系方式
- 解雇条款
- 签名栏

明确的角色分工，不仅能让每位学习者在顺利完成自己负责的工作内容时获得认可，也便于教师在小组遇到困难时诊断问题。如果组内的角色分工不明确，想要让学习者对自己的工作负责就会很困难。你很有可能经历过这样的对话：

你： 你的组员说你什么都没做，瑞安。

瑞安： 这太离谱了！他们连要做些什么都没告诉我。

你：那你都做了些什么呢？

瑞安：有很多事情我准备要做的，但他们总是在我开始之前就做完了。

你：那……你都做了些什么呢？

瑞安：你知道的，怎么说呢，反正我一直都没闲着。

虽然瑞安在上述对话中努力地为自己辩护，但问题仍旧没有得到解决。如果组内有明确的角色分工，那么同样的对话有可能变成这样：

你：你的组员说你什么都没做，瑞安。

瑞安：这太离谱了！他们连要做些什么都没告诉我。

你：根据小组合约，你的角色分工是什么？

瑞安：我是"量规专家"。

你：好极了！你非常适合这个角色。小组合约规定，量规专家将检查项目式学习的每个阶段，以确保量规的要求得到满足。你这样做了吗？

瑞安：是的，我一直在检查。你看！除了这一部分，我们基本上在按计划进行。

你：你是怎么追踪这些信息的？

瑞安：（敲了敲脑袋）都在这里。

你：如果你能及时与其他组员交流你的工作，可能会激发小组动力。你可以怎样向其他组员展示他们在评价量规中所处的位置？

瑞安：我可以把我们已经完成的以及尚待完成的工作，在评价量规中标记出来。

你：太好了！明天我会来查看你们的进展。

在这种情况下，瑞安认为他已经完成了工作，而其他组员却认为他什么也没做。你可以依据小组合约中的角色分工，让瑞安对自己白纸黑字签订的小组合约负责，而不是绕着圈子谈论感性的小组动力。明确的角色分工能够提升小组协作的清晰度。

通过列出每位组员的优势和劣势，每位学习者都有机会进行自我评估，并有理有据地说明为什么认为自己应该或不应该担任某个特定角色。在这一过程中，你甚至可以使用下面的规程，让各小组处于正轨。

- **3分钟**：参考黑板上给出的清单，每位组员写下各自的优势和劣势。
- **每人30秒**：分享自己有哪些优势，以及自己可以如何为小组做出贡献。
- **每人30秒**：分享自己有哪些劣势，以及自己最不喜欢的是哪些工作。
- **3分钟**：根据上述讨论进行角色分工，并记录在小组合约中。

在这10分钟的规程里，学习者可以在风险相当低的环境中练习倾听和表达。可能会有几个小组在最终决定角色分工时需要一些帮助，但80%的小组都能通过这个规程完成角色分工。

列出组员的联系方式看似是小事，但在解决组员缺席和数据共享问题的时候，却能帮上大忙。大多数学习者在分享联系方式方面都不会有问题，我有很多成功案例，都与在小组合约中增加这一简单内容有关。这也教会了学习者如何积极主动。在引导学习者使用小组合约时，你可以举例说明什么情况下联系方式会有帮助。本章末尾的成功故事 2，就是其中一个例子。

小组合约的下一部分，即解雇条款，并不是大多数学习者想的那种即刻出局。在商业世界中，解雇一个工作不力的员工是很有挑战的，在小组中也应该如此。如果小组成员向教师提出要开除某位组员，那教师应该牵头进行调解，重新界定角色，制订有截止日期的行动计划，以确保当事人有机会自我改正。解雇过程对每个人来说都是一次学习经历，只有极少数学习者应该被解雇！从逻辑上讲，你还需要考虑学习者被解雇后该怎么办。如何让他在脱离小组之后，依然有机会完成课程标准的学习？解雇组员要经历一个复杂而漫长的过程，像是一个又深又绕的兔子洞。我建议小组合约里要有这项条款，但尽量少用。

最后，每份小组合约都应该有一个签名栏。在向学习者介绍合约的这一部分时，应充分强调签署合约是一种承诺。在合约上签字后，我们个人就会受到合约内容的约束，这意味着我们同意合约中所列条款。你可能需要就如何签名进行一次快速工作坊，这对他们今后的生活也极具价值。签名栏给了我们一个契机，和学习者谈谈如何做一个重诺守信的人。你会惊喜地发现，学习者会把这一点内化于心，并付诸行动。

当你需要创新时，你就需要合作。

——玛丽莎·梅耶尔（Marissa Mayer）

小组会议

在小组工作时间开始和结束时召开小组会议，是小组协作中另一个出色的问责工具。有效的小组会议应该是有组织的、简短的、具体的。在工作时间开始时召开小组会议的主要目的，是明确每位组员的工作内容。每位组员都应该对其负责的工作内容以及完成相关工作所需的时间等事项，有明确的预期。

而在工作时间结束时召开小组会议的主要目的，则是总结已完成的工作并确定下一步计划。每节课最后的小组会议可以让每个人了解自己的贡献，以及下一步需要重点关注的事项，同时也让你有机会了解每个小组的进展情况。记录员是组内常见的角色之一。在课堂最后5 分钟，记录员就可以把每位组员的进展填写在每日进度表中，并向你报告任何可能需要跟进的问题。

小组合约中的角色分工，对确保组内的每个人都有事可做至关重要。可能的角色包括组长、技术专家、资料整理员、研究员、记录员、教师联络员、量规专家等。你可以想出很多角色，但真正的关键在于如何定义每个角色。

另一个成功的会议策略是，为每个角色举办专门的工作坊，然后让他们回到各自的小组进行汇报。例如，让所有的技术专家参加一个15分钟的工作坊，教会他们如何操作谷歌云端硬盘上的某个特定功能。工作坊结束后，再让各个技术专家回到各自的小组，向其余组员分享具体的操作步骤。为每个角色安排指定的工作坊，可以让你更均匀地分配每位组员的工作量。

决策矩阵

为了让学习者掌握挑选最佳解决方案的技能，你需要为这一过程提供支架。决策矩阵是一种不错的方法，可以使解决问题的过程少些感性，多些理性。决策矩阵旨在确保每位学习者的意见都能得到重视，并根据对项目目标而言最重要的标准来评估每位学习者的想法。在团队决策的过程中，学习者一方面可能会过于执着于自己的想法，很难跳脱出来；另一方面，他们也可能因为不想伤害任何人的感情，而选择采纳每个人的想法，即使有些想法对解决现实世界中的问题毫无帮助。决策矩阵则可以通过一个更合理的过程为小组提供可量化的数字，帮助小组选出一个解决方案来推进工作。

不可否认，这些数字在某种程度上与学习者个人有关联，因为它们是由持有不同观点的学习者确定的；但是，每个学习者都必须打出一个分数，并要能够说明他们这样打分的原因。这极有可能是学习者进行过的最有条理、最合乎逻辑的对话。就像小组合约的结构一样，学习者非常希望有一种方法来帮助他们选出小组的最佳方案，以便他们在后续的第5步中实施。

要创建决策矩阵，你首先需要根据评价量规确定项目最重要的方面。下面空白的决策矩阵模板中，设置了四个评价标准的空格。使用你在第 2 步中设计的评价量规，根据每个学习者提出的解决方案在多大程度上符合评价标准，为其打分。为所有组员的解决方案都打完分后，小组可以将分数相加，看看哪个想法最符合评价量规。请注意这里的用词以及操作过程，这很重要。小组是在寻找最有助于解决问题的想法，而不是在评判个人。通过决策矩阵，我们就可以帮助学习者通力合作找到最佳解决方案，不论这个想法是由谁提出的。计分系统与评价量规相结合，可以让学习者用一种理性而非感性的方式来决定哪些想法值得推进。作为教师，你也很高兴看到各个小组在你的指导下通过评价量规做出决定，这确保了他们朝着正确的方向前进。下面是一个空白的决策矩阵模板，你可以根据自己的项目进行个性化调整。

决策矩阵					
	评价标准 1 _____	评价标准 2 _____	评价标准 3 _____	评价标准 4 _____	总分
方案 1					
方案 2					
方案 3					
方案 4					

小组选择 1: _____
小组选择 2: _____
小组选择 3: _____
小组选择 4: _____

完成决策矩阵

让我们来看一个已完成的决策矩阵，看看这个过程在现实生活中是如何进行的。你有了一个帮助小组成员做出合理决策的工具，但如何让他们分享各自的想法并填写决策矩阵呢？我选择用结构化规程。顺便说一句，我甚至用结构化规程让我的孩子们在晚餐时分享他们的一天。

下面是一个规程示例，你可以和学习者一起实施，帮助各小组填写决策矩阵。对本书的任何规程，你都可以随意修改流程，使其更好地适应学习者。

- **组员 1（2 分钟）**：介绍自己的方案，并说明它是如何满足决策矩阵中的四个评价标准的。其他组员倾听，并为每个评价标准打分。
- **组员 2、3、4（1 分钟）**：就解决方案提澄清性问题，以澄清任何不清楚的细节。
- **组员 2、3、4（2 分钟）**：用"我喜欢"的句式谈谈这个方案的哪些方面是自己喜欢的。
- 组员轮流进行这个 5 分钟的规程，直到每个人都进行了分享。

在 20 分钟的规程结束后，再给各小组 5 分钟的时间讨论他们听到的内容，并就他们决策矩阵的最终打分达成一致。第一次使用决策矩阵时，你可能需要给自己和学习者多一点儿时间，但一旦学习者习惯了这一流程，决策矩阵就能为你节省大量时间，并建立起一种积极的协作文化。使用决策矩阵可以帮助学习者学会如何进行专业交流，如何批判性思考，以及如何团队协作。这些都是雇主希望我们的学习者在进入职场时能够掌握的技能。在你的课堂上，你也希望学习者掌握这些技能，因为这有助于他们解决自己和他人的问题。你正在打造一种课堂文化，让学习者不再需要依赖你来解决一切问题。

决策矩阵					
	评价标准 1 与社区合作 伙伴的互动	评价标准 2 对社会建构 实验的解释	评价标准 3 科技的应用	评价标准 4 最终成果的 创意	总分
萨拉的方案	5	3	2	4	14
瑞安的方案	1	2	5	2	10
拉克什米的方案	5	5	1	5	16
泰特的方案	4	4	2	3	13

小组选择 1：拉克什米的方案，加上瑞安在科技应用上的想法。
小组选择 2：萨拉的方案，加上瑞安在科技应用上的想法。
小组选择 3：泰特的方案，加上瑞安在科技应用上的想法以及拉克什米最终成果的创意。
小组选择 4：瑞安的方案，加上萨拉与社区合作伙伴的互动以及拉克什米对社会建构实验的解释。

根据上面已完成的决策矩阵，小组就可以基于数据决定在后续第 5 步中采用哪个方案。该小组可能会采用拉克什米的整体方案，因为它的总分最高。他们也可以考虑瑞安的方案，尽管这个方案总分最低，但在科技应用部分，他的想法似乎很不错。

说到底，我们希望至少能为学习者创建一个结构化的环境，帮助他们进行积极的合作对话。如果你想了解更多信息，我在"相关资源"部分分享了一篇博客文章，详细介绍了决策矩阵这个工具。

鱼缸会议

在项目式学习的所有步骤中，第 4 步"选定解决方案"对学习者来说是最陌生的，因此在第一次开展项目式学习时，教师应该尽可能为学习者示范第 4 步的每个环节。当我们为学习者示范某个规程或新想法时，我们常采用鱼缸会议的形式。在一场鱼缸会议中，你和小部分预先准备好的学习者是缸内的鱼，而班上的其他同学则在鱼缸外观察。

如果你要向学习者介绍某个新概念，例如小组会议，鱼缸会议是个很不错的方法。为了让全班学生清楚如何以适当的方式召开小组会议，你和三位学习者需要以鱼缸会议的形式做出示范。示范时，你和小组成员坐在"鱼缸"里，而班级其他学生则在"鱼缸"外观察。此时，示范小组的成员会假设房间里只有他们自己，然后在全班其他学生的注视下完成他们的小组会议。最后，全班可以就刚才"鱼缸"里展示的小组会议的优点和缺点进行讨论。这种鱼缸会议可以让学习者看到成功实施的小组会议是什么样子，并为他们提供了一种可供回忆的共同经验。例如，"还记得我们在鱼缸会议中提到过，在小组会议时我们需要合上笔记本电脑吗？请在小组会议时合上你的笔记本电脑。"

小组合作小结

小组合作虽然看起来很费事，但对我们的学习者来说却有很多好处。团队协作能力被职场领袖们列为成功的关键要素之一。无论我们的学习者是直接进入职场，还是进入高等院校继续深造，团队协作都将是他们工作、学习过程中必不可少的重要技能。为了让学习者将来能够获得更多的机会，我们必须帮助他们学会如何在小组中工作。让小组合作结构化和流程化，有助于扭转过去小组合作混乱的局面，极大提升合作成功率。

成功故事 1

丹蒂： 我们的小组合约上说我们可以解雇组员，所以我们想解雇贾森。

我： 你们的小组合约确实有解雇组员的条款，但你们的合约还规定，解雇必须有证据，而且你们小组必须和我一起进行调解。

丹蒂： 他什么都不做，所以我们想解雇他。你能直接去告诉他，他被解雇了吗？

我： 恐怕不行，你可以请你们小组的人到这里来吗？我们可以聊聊你们遇到的问题。

上面的对话也许听起来算不上什么成功经验，但我经历过很多次小组调解，且只有一名学习者被解雇。基于这样的经验，我可以告诉你，这些调解是学习者学习如何在小组中协作的绝佳机会。下面分享小组调解中的一些对话：

（三位学习者看起来都很不高兴，所以我有意让自己的语气欢快一些。）

我：谢谢你们过来。我听说你们小组内部可能有点儿误会。

三位学习者：嗯，他……她说……我们想解雇……

我：我们换个方式吧。我们来实施一个快速规程，你们每个人都说说自己的所见、所闻、所感以及想到的解决方案，其他人不要打断。丹蒂，是你先来找我的，不如就从你和艾莉丝开始吧。你有1分钟时间，其他人先听你说。

丹蒂：就像我之前说的，贾森什么都不做，所以我们想解雇他。

我：你还有什么要说的吗？还有45秒。艾莉丝，你有什么要补充的吗？

丹蒂/艾莉丝：没有。

我：贾森，你呢？

贾森：我不知道我该做什么。他们什么都没跟我说，就把很多工作都做完了，还跟我说"你倒是做点儿什么啊"。我原本是想做一些事的，但他们的态度一直不好，所以我就什么也不想干了。

我：谢谢你，贾森。你有什么解决方案吗？

贾森：没有。

我：好吧，我觉得有几个可能的解决方案。丹蒂和艾莉丝，你们有什么具体任务想让贾森帮忙吗？

艾莉丝：是的，我觉得他可以研究一下血友病对幼童的影响，这样我们就可以把这些信息写进我们的公益宣传资料里了。

我：贾森，你觉得你能做到吗？如果可以，你觉得什么时候可以完成？

贾森：我大概可以在这节课结束前完成，或者明天早上。

我：丹蒂和艾莉丝，你们觉得可以吗？

丹蒂 / 艾莉丝：当然可以。

我：好的！那明天课前我们快速碰一下，确保万事大吉。

（有时，在调解快结束时可以使用一些夸张的词语来为少年们打气，缓和一下气氛。）

小组调解的关键要素

- 使用一种规程，确保每个人都能在不被打断的情况下阐述和回应，让每个人的声音都能被听到。
- 明确下一步的行动计划和截止日期。
- 及时跟进以确保行动计划按时完成。
- 必要时进行一对一跟进，确保每个人都没问题。
- 相信我，花 5—7 分钟进行小组调解是非常值得的。

‖ 成功故事 2

就在一次大型小组展示的前几天，塞缪尔意外生病了。作为小组资料整理员，他管理着小组的所有资料。不幸的是，小组未考虑到当塞缪尔不在时该如何访问这些资料。以往发生类似的情况时，我前去催促，大概率其他组员会坐在那里抱怨无事可做，一坐就是 48 分钟。而现在因为他们的小组合约上列有联系方式，所以他们在上一节课就联系了塞缪尔，拿到了资料，而塞缪尔也在上课期间与组员们进行了视频通话，提供一些帮助。

⊣ 失败故事 1

小组合作的失败故事并不少见，你很可能也有自己的失败故事。以下几种小组合作中的常见失败，可能正是你想要尽力避免的。

- 学术能力强的学习者独自完成了所有工作。
- 组员分头完成工作，然后再将所有成果合在一起，并没有真正合作。
- 组员在一起只是闲聊。
- 内向的组员不与其他组员互动。
- 成绩问责变得棘手。

⊣ 失败故事 2

在一次学校访问中，我看到史蒂文斯先生在协助小组确定角色分工。最受欢迎的角色是组长，我觉得这很有趣，因为这个角色往往要担负较重的责任和较大的工作量。小组成员们都在激烈地争论着他们为什么想当组长。一番讨论后，一切就绪，各组都开始工作了。这时，一名年轻的组长明目张胆地把脚放在桌子上，双手悠闲地搭在脑后。作为一名积极的观察员，我走过去问他是否已经完成了他的工作。我惊讶地听到他无比坦诚地解释道："我是领导。我可以坐在这里，指挥别人该做什么。"

现在我知道为什么那么多学习者想当组长了。在大家的印象里，组长就是坐在那里指手画脚、不做任何工作的领导。史蒂文斯先生把大家召集到一起，就服务型领导这个话题，和学习者展开了一场非常有益的讨论。一些小组调整了组员的角色，并重新踏上项目式学习之旅。

要点1：第4步应该建立小组，并以小组为单位选出一个方案供第5步实施。

要点2：即便对成人来说，小组合作也是一项挑战。因此，我们需要精心计划与准备，以确保小组合作顺利开展。这绝对是值得的！

从哪里开始

小组合约和决策矩阵让小组合作结构化，这正是小组合作取得成功的关键。在食堂里，虽然学习者在技术上组成了小组，但因为它缺乏结构和目的，他们从同伴互动中获得的益处却很少。你可以从小组合约的模板入手，根据具体的需要做出适当的调整。创建能让小组中的每个人都有对应角色的小组合约。明确的角色分工，能确保小组中的每个人都有事可做，并使每个角色的职责更加具体。

思考问题

1. 过去，哪种分组方式对你来说效果最好？随机分组？两人、三人或四人小组？
2. 你最喜欢的小组合作项目是什么？为什么这么喜欢？
3. 问问学习者，关于小组合作，他们喜欢和不喜欢的分别是什么。

第六章

第 5 步：创建、实施与检验

去逐梦、去奋斗、去创造、去胜利。要大胆，要勇敢，要仁爱，要怜悯，要坚强，要智慧，要绽放。

——卡泰丽娜·费克（Caterina Fake）

第5步是非常重要的一步。你已经建立了小组并教会了学习者小组合作的技巧。在第5步中，尽管小组问题仍需要你来调解，但你已经示范过成功的小组合作是什么样的，也让每个小组签订了合约。相信我，成功指日可待！是时候让这些小组自己运转起来了。

在第5步中，学习者将测试他们为解决入项活动中明确的真实问题而设计的解决方案。解决方案最好失败，也很有可能会失败！TED演讲和博客文章都告诉我们，失败是很好的学习机会，但这究竟意味着什么呢？从决策矩阵中可以看出，很有可能任何一个组员的答案都无法完全解决现实世界中的问题，因此也不会被小组完全采纳。从本质上看，决策矩阵的得分说明，每个人的想法一开始都以某种形式失败了。但这是件好事！这正是一个教导学习者坚持不懈、不断修正以完成更好作品的绝佳机会。

一旦小组找到了解决真实问题的合理方案，就应该进入测试环节。在最终展示之前，应该对想法进行多次测试。优化规程是在低风险环境中测试想法的一个好方法，其重点在于反馈而非评估。

优化规程示例

- **伙伴A（2分钟）**：陈述自己的想法。

- 伙伴 B、C（1 分钟）：提出澄清性问题。
- 伙伴 B、C（2 分钟）：用"我喜欢"开头，说明赞同的原因。
- 伙伴 B、C（2 分钟）：用"我想知道"开头，提出疑问。
- 伙伴 A（1 分钟）：对上述反馈意见进行反思。

可以根据不同情况调整上述优化规程。实践证明，它对成人和学习者都非常有效。与第五章中使用决策矩阵的过程类似，你是在帮助学习者优化某个想法，而不是评判某个人，这正是规程的秘诀所在。通过这样的方式，主讲人可以收集到大量反馈，而其他伙伴在提供反馈的同时也能听到高质量的想法。在使用优化规程时，要注意以下要点：

- 时间限制有助于激发创意。
- 具体时长可根据目的以及可用时间进行相应调整。
- 较短的时限对刚开始接触优化规程的人有帮助。
- 对澄清性问题的回答通常很简短，或者用"是"或"否"来回答。
- 尽管学习者最终能够自主完成优化规程，但刚开始应该由你来担任计时员。
- 作为优化规程的引导者，我曾带领大型团队使用过这一规程。
- "我喜欢"和"我想知道"的措辞很重要。
  - 我喜欢你在设计最终产品时考虑了不同的学习者。
  - 我喜欢你把入项活动与社区合作伙伴联系在一起的做法。
  - 我想知道你是否可以邀请当地历史博物馆的某个人作为社区合作伙伴。

■ 我想知道你是否考虑过与三年级合作，因为他们的课程标准里也有相关内容。

反馈——你不能孤军奋战！

在向学习者介绍优化规程时，有必要特别强调反馈的重要性。EL 教育（EL Education）① 的罗恩·伯杰（Ron Berger）有一段关于反馈的精彩视频，你可以在网上搜索"奥斯汀的蝴蝶"（Austin's Butterfly）。这则视频向学习者展示了"善意的、有益的、具体的"同伴反馈的力量。"及时的"是另一个重要的形容词。反馈的重要性不容小觑，而让学习者学会如何提供有效的反馈，更是至关重要。

反馈，不仅能让学习者学会反思，还能让你在课堂上的影响力倍增。反思和改变的能力，是我们能给予任何学习者最重要的礼物之一。就短期而言，在学校里，给予和接受反馈有助于他们创造最终产品，解决项目式学习中的真实问题。离开学校后，反馈和反思仍将是学习者需要的重要技能。我们希望学习者能够审视他们的人际关系、工作及生活状况，并从中发现新的机会，迈向更好的未来。请参阅本章的成功故事 2，以了解这些项目式学习技能是如何帮助学习者在未来取得成功的。

---

① EL 教育是美国的一家非营利机构，源于 EL（Expeditionary Learning，通常译为探索体验式学习）教育理念和实践模式。这种模式强调主动学习、探究学习与社区服务相结合，注重培养学生的批判性思维、合作精神和公民责任感。——译者注

很可能，与掌握内容标准相比，你内心更关心学习者的人生能否取得成功。我们将内容标准和项目式学习作为载体，帮助学习者看到他们以其他方式可能看不到的机会。反馈就是一个很好的例子，它是一种让学习者终身受益的技能，有助于他们在校园之外取得持续的成功。

通过优化规程进行反馈，可以大大提升你在课堂上的影响力。如果你的班级有 30 名学习者，与每人进行 2 分钟的一对一反馈，就需要耗费你整整一个小时，而且这还是在没有任何打扰或过渡时间的情况下。如果有中断和过渡，很可能需要三节课的时间！但假如你教会了学习者如何给予善意的、有益的和具体的反馈，他们就能在同一时间互相反馈，而不是排队等着从你这里得到反馈。同样一个班级有 30 名学习者，你可以实施一个优化规程，让每名学习者都能获得 8 分钟的反馈时间，这样你仍然可以在不到一节课的时间内完成。通过结构化的优化规程来实现同伴间的合作反馈，可以大大提升课堂时间利用率。时间是我们课堂中的宝贵资源。有了额外的时间，你就可以给最需要帮助的学习者更多关注，或与学习者建立更深厚的关系。优化规程告诉学习者如何礼貌地提出建设性反馈。教师若能花点儿时间及早教会学习者为他人提供有意义反馈的强大技能，必将在整个学年中受益匪浅。

教育的目的不是增加知识量，而是为孩子创造发明和发现的可能性，培养出有能力独辟蹊径的成人。

——让·皮亚杰（Jean Piaget）

检查评价量规和模拟展示

在第 5 步中，小组应对照第 2 步的评价量规进行另一次持续的反思性评估。组内应该有一名成员（或由成员们轮流）担任量规专家。量规专家会仔细检查评价量规，以确保小组的方向无误。评价量规的更新应在小组会议开始时进行，以确保小组正在进行的任务与他们需要完成的工作相关。

在第 5 步中，你可能会设置一个正式的基准点，要求各个小组提交标记了检查结果的评价量规。这样你就可以快速了解各个小组在解决问题和准备最终展示的过程中所处的位置。随着最终展示的临近，你要确保没有任何小组偏离正轨。作为最终展示前的最后一个基准点，模拟展示则是另一种检查进度的方式。模拟展示有多个重要目的：

- 让学习者知道他们在哪里遗漏了关键部分。
- 让每个人都有机会练习如何应对压力。
- 让教师听到和看到学习者将要展示的内容。
- 在最终展示之外，增加一个基准点。

从组织管理的角度考虑，你需要在模拟展示和最终展示之间留出足够的修改时间。确保两者之间至少相隔一天，以便学习者解决最后发现的问题。如果我们在模拟展示中发现了展示内容的不足之处，却不给学习者时间去修改，那模拟展示将会是一场徒劳。

模拟展示可以让学习者看到自己需要改进的地方——比如，小组原先计划的表演在实际演出时效果并不那么好；需要投屏展示的一项预算还需要进一步修改，以确保数字准确无误；等等。模拟展示让学习者得以从容不迫地应对失败，因为在面向社区合作伙伴进行最终展示之前，他们还有时间修改并为成功做好准备。学习者在构思要对观众说些什么时，脑海里可能会有一个绝妙的计划，但等到真正展示时，这些计划往往很难实现。模拟展示时，请观众对照评价量规的方方面面进行检查，将有助于找出做得好的或有待改进的关键部分。

此外，压力有时候也是件好事！当班上的学习者对项目的兴趣开始减弱或失去了紧迫性时，你可能就需要更早地进行模拟展示。模拟展示会让小组意识到其实他们还有很多工作要做。即便学习者并不缺乏兴趣，他们也常常会认为自己已经准备好了，但事实上还有不少工作要做。模拟展示可以很好地检测出小组的真实状态。

我最喜欢的项目式学习的环节之一，就是让学习者面向社区合作伙伴这样的真实观众展示他们的最终成果。这对学习者提出了更高的要求，让他们有机会在专业人士面前展示自己，而这些专业人士并不了解你的课堂上正在发生怎样了不起的事情。事先知道学习者将要说些什么是非常重要的。他们准备好了吗？他们陈述的事实是否有偏差？每个人都发言了吗？他们会不会跑题，讲一些奇怪的东西？在最终展示前几天进行模拟展示，不仅能帮助学习者把成果展示打磨得更完美，也能让你放心，因为你很清楚社区合作伙伴将会看到和听到什么。

展示日

展示日是一个激动人心的日子，你应该向学习者大力宣传这一点。是的，我是说宣传！你要向学习者宣传展示的魅力。你可以这样说：

- 一位真正的银行首席执行官将会聆听你的想法，这难道不酷吗？
- 你能相信你将要面向真正的建筑师展示你的设计方案吗？
- 我迫不及待地想让你们把自己的辛勤工作分享给社区合作伙伴！

现在，学习者都兴致高昂！那么，接下来会发生什么呢？

让我们先从学习者的角度来谈谈。这里的要点就是确保学习者做好准备，这的确是一项艰巨的任务。学习者需要在内容掌握和展示技巧上做好充足的准备。第 3 步应该已经向你展示了学习者在内容掌握方面的情况，因此在本章中，我将重点介绍展示技巧。

重复，无法创造记忆，新的体验才能。

——布赖恩·切斯基（Brian Chesky）

学习者并不会本能地知道出色的展示应该是什么样子的，以及他们在展示过程中应该如何表现。因此，你需要为他们搭建一些学习支架，让他们有机会学习那些我们可能认为理所当然的过程。例如，一直以来，我最喜欢的工作坊之一就是握手工作坊。我们理所当然地认为学习者在见到社区合作伙伴时知道如何握手，可事实并非如此。一个 15 分钟的快速工作坊，就可以让学习者明确拖拉、僵硬、让人汗毛直立的握手与坚定有力而专业的握手之间的区别。这个技能会给我们的学习者带来巨大而持久的影响，特别是未来求职的时候。有研究表明，雇主通常在面试最开始的 5 分钟内，就已经对应聘者做出了判断。一个人的握手、眼神交流和肢体语言，往往比他对面试问题的回答，更能给人留下深刻的印象。

对学习者来说，一场职业着装工作坊同样有可能扭转局面。展示时精心打扮对学习者意味着什么？这会让学习者用全新的眼光看待自己，而社区合作伙伴也会注意到这一点。尽管很多学习者认为面试或去银行时穿什么并不重要，事实上，我们如何展示自己真的很重要。我们希望向学习者传授适用于职场的技巧，为学习者未来在职场中取得成功做好充分准备。对有些学习者而言，打扮意味着穿正装、打领带，而对另一些学习者来说，打扮则意味着穿 Polo 衫。你希望学习者从这场工作坊中收获这样一个重要的观念，即你对自己的看法和别人对你的印象会有所不同。我甚至看到过有的学校为学习者设立职业装衣橱，以防他们还没有自己的职业装。有很多创新的方法可以帮助我们的学习者自信地展示自己，并让他们预见自己未来在职场中的样子。

制定展示评价量规也是把你的期望传达给学习者的好方法。一般来说，关于评价量规，有两个重要注意事项：一是确保学习者在项目开始时就拿到评价量规，以便他们提出须知问题；二是确保所有纳入评价的内容都是你教过的。有了展示评价量规，学习者如果认为展示是自己的须知问题，就可以在项目式学习一开始提出参加展示工作坊的要求。尽早制定展示评价量规，还能让学习者了解最终展示将会是什么样子，帮助他们提出原本想不到的相关问题。例如，加入"展示时，与观众的眼神交流时间要占到85%"这一条要求，就能让学习者知道，他们在展示过程中不能只是照着幻灯片念。始终如一地向学习者传达对展示的期望，是你创建卓越的展示文化的开端。

还有一种方法可以帮助学习者理解有感染力的展示看起来和听起来是什么样子，就是观看优秀的展示，并让学习者从中提炼有效展示所具备的关键属性。根据你想让学习者了解的重要主题，选择有影响力的TED演讲，让学习者找出这些演讲如此有影响力的原因。

第十一章会有更多关于评分的内容，但在这里需要注意的是，如果我们没有教过出色的展示技巧，那我们就不应该把这一项纳入评价。如果我们期待学习者与观众的眼神交流时间能占到85%，但事实上他们从未在工作坊中学过这一技能，那只能说我们的期望是不切实际的。你可以通过一个简短的眼神交流工作坊来向学习者展示实例、讲解技巧，并给他们时间练习这一技能。工作坊结束后，你就可以对这项技能进行评分，并逐一给予反馈，帮助每位学习者成长和进步。

你可能还需要考虑为最终展示搭建一些组织管理的支架：

- 成果展示时间表
- 社区合作伙伴可能会问的问题示例
- 给社区合作伙伴的反馈表

想让学习者摆脱对展示的恐惧，关键在于尽可能详细地向他们介绍展示过程。你应该尽早或至少在展示日的前几天张贴展示时间表，以便学习者了解自己的展示时间。这样一来，他们就可以开始做好心理和情绪上的准备。他们会清楚地知道自己是否有额外的时间，以及是否必须第一个做展示，等等。

社区合作伙伴将是提高展示真实性和重要性的关键资源。同时，我们也不希望陌生人的出现令学习者惊慌失措。为学习者提供一些社区合作伙伴可能会问的问题示例，是一个很有用的学习支架，它可以像"下课通行证"（Exit Ticket）[①]一样简单。你可以让学习者试着回答下面这些问题：

- 你为什么选择这个项目创意？
- 这个项目最具挑战性的是哪个部分？
- 这个项目你最喜欢的是哪个部分？
- 如果我想要记住你展示中的一个要点，你希望是什么？
- 你还希望谁听到你分享的这些信息？
- 如果你可以重做解决方案中的一部分，你会修改哪些内容？

你也可以把这些问题列在给社区合作伙伴的反馈表上。如果社区合作伙伴提的是学习者有所准备的问题，他们的信心就会大大增强。这样的反馈表也会让社区合作伙伴感到轻松，因为他们已经很久没有进过课堂了，就算他们可能在主持董事会会议时做到游刃有余，但在

[①] 下课通行证是一种快速、简单的过程性评估工具，一般是一张小卡片。教师会在上面设计一些问题，学生需要在课堂结束前回答或反馈，并提交给教师。通过这样的方式，教师可以迅速了解学生学到了什么，是否遇到困难，并根据学生的反馈及时调整教学内容。——译者注

向学习者提供反馈意见时也许会感到不自在。社区合作伙伴希望通过提问来帮助学习者，但他们绝不想把任何人弄哭。反馈表可以让社区合作伙伴觉得他们是在帮助学习者，并且学习者会认真对待他们的反馈。包含"我喜欢""我想知道"的简单反馈表是一个有用的工具，可以将示例问题一起提供给社区合作伙伴。这种反馈表有足够的开放性，无论社区合作伙伴的背景如何，都能给出有效的反馈意见；而且它足够简单，不会让社区合作伙伴感到不知所措。社区合作伙伴都希望自己能够帮到学习者，但如果提供给他们的是一整套针对特定知识内容的评价量规，很可能会适得其反，因为这会令他们手足无措，无法尽兴地观看成果展示。让他们享受与学习者在一起的时光，也让学习者享受分享自己作品的过程。展示日应该成为学习成果的庆典，而非学习者害怕的演讲。

∥ 成功故事 1

这个成功故事其实是一个逆袭的故事，让我们看到了为学习者赋能所产生的力量。在一次成果展示中，观众席上坐着一位社区合作伙伴，他来自世界上最大的儿童博物馆。现场有一位名叫萨姆的学习者发表了种族歧视的言论。没错！请记住，学习者正式展示的时候，你是无法施教的。你能做的只有倾听……有时甚至还要躲起来。

这个故事之所以能成为一个成功故事，是因为成长型思维。第二年，萨姆重新审视了自己的展示。他参与了项目式学习的全过程，并且很认可这种文化。他在一次内战主题的展示中大放异彩。他穿着正装，向专业观众分享了自己经过深思熟虑的想法。演讲开始前和结束后，他都不忘与观众握手，自信满满。萨姆有机会重新定义自己的生活，这种新的生活与他之前所经历的生活大不相同。

‖ 成功故事 2

给予和接受反馈的技能，让学习者能够主动地审视自己的现状并做出调整，而不是一味被动地接受。第三章成功故事里的西蒙是全校成绩最差的学习者。但在项目式学习的课堂上，他学到的远远超过了课标规定的内容。毕业后，西蒙找到了一份包裹分拣的工作——这是个不错的选择，因为这份工作有福利，起薪也够体面。不过，西蒙学会了反思，学会了不满足于眼前的生活境况。他发现，如果能获得叉车驾驶证书，就能拿到更高的薪水，工作会更有保障，轮班也会更灵活。西蒙意识到，在目前的情况下，额外的学习能带来更多的机会，所以他决定这样去做。继续读大学不是他的兴趣所在，但他并不认为这是失败。他认为，通过不断学习和改进，自己的处境总能得到改善。现在，他又考取了危险品运输证书，从而获得了更高的薪水和更有力的工作保障，他的妻子对此表示赞赏。项目式学习及其益处对我们所有的学习者都很重要！

‖ 失败故事

在我把模拟展示作为固定环节之前，我曾经教过一个学习者，我们叫他鲁迪。鲁迪的家境很不好，学习成绩也很落后，但我布置的作业他都会完成，而且大部分时间他都尽力了。在一次工作坊中，学习者要用传统的展示形式向同伴分享诗歌。因为主要是学习者的原创诗歌，所以我一再提醒大家要对他人友善、善于倾听。鲁迪站起来了，我给了他一个肯定的眼神，请他上台。鲁迪拿着笔记走上讲台，我们都竖起耳朵聆听。问题是鲁迪张了张嘴，却没有发出任何声音。我平静地肯定了他，并让他后退一步，准备好后再开始。鲁迪试了两次，还是没能说出话来。不幸的是，坐在前面的一个女孩发出了很轻的笑声——并非刻薄的笑声，而是无意的笑声。鲁迪的反应，则是向全班同学竖中指，然后走出了教室。我们都目瞪口呆地坐在那里。在我反思并写下这段经历时，我为自己让鲁迪陷入这样可怕的处境而感到非常羞愧。我把他置于非战即逃的境地。模拟展示会有帮助吗？我想是的。鲁迪本可以提前练习如何缓解紧张情绪，而我本可以提前知道他计划分享的内容。

要点：将作品公之于众。让作品激动人心！

从哪里开始

比起让学习者只向你和他们的同伴进行展示，不如把社区合作伙伴请来。如果邀请的社区合作伙伴与你们正在研究的主题有关，那就太好了。但如果你找不到某个特定领域的专业人士，那就试着邀请任何能对学习者的展示提供反馈意见的专业人士。邀请校外人士可以提高展示的紧张度。在同学和老师面前做一场糟糕的展示通常是可以接受的，有时他们甚至觉得这样很"酷"。但如果台下坐着的是银行家、建筑师和企业主等，太过随意的展示就会很难收场。

思考问题

1. 你担心学习者失败吗？为什么？

2. 什么情况下学习者可以失败？

3. 你可以邀请哪些社区合作伙伴参加展示日活动？

4. 何时可以插入一个优化规程？

第七章

第 6 步: 反思与回顾

经验不是最好的老师, 经过评估的经验才是。
反思性思维将经验变成洞见。

——约翰·马克斯韦尔 (John Maxwell)

在整个项目过程中，请学习者对工作坊、流程、小组和社区合作伙伴的有效性提出反馈意见，可以使他们持续反思学习。在让学习者反思和提出反馈意见的过程中，我们尊重他们的意见，继而改进教学工作，开展差异化教学。在开启另一个项目之前，反思和庆祝整个项目也是结束当前项目的好方法。

在项目式学习中，持续的反思是促进学习者由被动变主动的主要因素。请学习者反思并对你的工作提出反馈意见，就给了他们通常得不到的发言权。在传统课堂上，很少有人会问学习者是否有改进课堂的想法。当你有足够的勇气和自信问学习者"你喜欢这个单元的哪些地方？"和"你觉得我们可以在哪些地方加以改进？"时，这两个问题会让学习者主动参与到课堂文化建设和自主学习中来。

如果你希望提升自己的教学技术，在阅读本书的同时，你还可以收听"极简项目式学习"播客并观看"极简项目式学习"系列视频。感谢你对教育事业的奉献。教书育人是一种使命，我们都希望自己能做到最好。请学习者反思并给你提出反馈意见，也是提升教学水平的一种方式。学习者是你的服务对象，还有谁比他们更适合提出反馈意见来帮助你提高呢？例如，你可以这样问："我认为这个规程确实有助于你们进行专业对话。你觉得我们下次可以如何改进？"

反思还有助于开展差异化教学。让学习者反思他们是如何学习的，以及学到了什么。你可能会发现有一部分学习者喜欢视觉学习，那你就可以用可汗学院（Khan Academy）^①的视频，为他们提供额外的学习支架。当你赋能学习者，让他们具备反思能力时，他们对自己学习风格的洞见可能会让你大吃一惊。

如何反思

我上面讲了为什么要进行反思，以及反思的诸多益处，那么接下来让我们了解一下在项目式学习中几种行之有效的反思方法。

第一种是"下课通行证"。包含"我喜欢"和"我想知道"的"下课通行证"可以反映整个项目的进展情况，而且在课堂或工作坊结束时只需花 3 分钟即可完成。"下课通行证"可以是学习者离开教室时在墙上留下的便利贴，也可以是他们下课前快速完成的一张谷歌表单。学习者留下的"我喜欢"清单会告诉你应该继续做什么，同时"我想知道"清单会给你提出改进建议。

"粉笔对话"（Chalk Talk）规程，源自"学校变革行动"（School Reform Initiative）^②，它能让你快速获得来自学习者的有意义的反馈。

---

① 可汗学院是一家非营利在线教育平台，由萨尔曼·可汗（Salman Khan）创立，旨在通过提供免费的、高质量的教育资源，促进学生的自主学习和提升教师的教学效果。它提供免费的教育资源，涵盖数学、科学、编程等众多领域，适用于各个年龄段的学习者。——译者注

② "学校变革行动"是一家非营利机构，旨在帮助教育工作者变革教与学的方式，帮助学生追求卓越，实现教育公平。它为教师提供了丰富的课堂教学工具资源库，搭建了专业能力发展的学习平台，创建了彼此交流、共同成长的联盟校网络。——译者注

在"粉笔对话"的过程中，学习者可以查看并评论导师在黑板、白板或图纸上列出的特定短语或问题，然后在上面安静地写下各自的想法。他们还可以评论其他同学的想法，从而创建一种包含同学想法的班级思维导图。所有对话都是以书面形式，而不是口语形式进行的。你能想到有哪些学习者可能会受益于这个过程吗？你有没有内向的学习者？有没有在回答前要思考很久的学习者？只需稍加练习，学习者就会喜欢上这种规程，因为他们不仅能看到其他同学的想法，还能将自己的想法公开展示出来。

"金光闪耀时刻"（Golden Shining Moments）是另一种分享成功和积聚动力的规程。它邀请学习者重点关注他们在项目中的美好经历——从与社区合作伙伴的互动到精彩绝伦的成果展示。你可以给学习者提供马克笔，让他们在黑板上写下（而不是说出）自己的想法，以此回顾项目中最精彩的部分。如果同意其他人的想法，他们可以写上"+1"，这样他们就会看到，那些好的想法会获得越来越多的支持。

另外，"玫瑰、荆棘和新芽"（Roses，Thorns，and Buds）会让你对事情的进展有更全面的看法。学习者可以在便利贴上，或用"粉笔对话"的方式，写下热反馈①（玫瑰）、冷反馈②（荆棘）以及下次可以尝试的好主意（新芽）。如果使用便利贴，还可以让学习者对他们的想法进行分类，试着发现其中的共性。

以上只是让学习者参与反思过程的几种方法。反思方法不胜枚

---

① 热反馈，通常是反馈有哪些地方做得好。——译者注

② 冷反馈，通常是反馈有哪些地方需要改进。——译者注

举，只要在互联网上搜索一下，你就能找到大量有关反思的想法。因此，请开始收集并实施你最喜欢的反思方法。

尽管反思贯穿整个项目，但专门安排一天的时间进行反思和庆祝依然是很有价值的。展示日是与社区合作伙伴分享并庆祝项目成果的时间，而反思日则是全班一起反思和庆祝的时间。要知道，许多学习者从未参与过如此真实且有意义的项目，因此，对他们能够完成这些极具挑战性的工作给予赞扬是非常重要的。

你还可以邀请社区合作伙伴参与反思，请他们提供反馈意见、分享经验。分享外界对学习者出色工作的评论，对构建积极的协作文化将会起很大的作用。社区合作伙伴可能会提到，学习者对主题的深刻理解或小组展示的专业性给他们留下了深刻的印象。公开表扬总能极大地增强学习者的自信心，因此，这可能是表扬那些平时学习成绩并不突出的学习者的好时机。来自社区合作伙伴的认可会对学习者产生很大的影响，因此，给社区合作伙伴提供机会来表扬学习者就变得至关重要。

虽然表扬和认可学习者的努力很重要，但我们也希望借此提升和展现我们的成长型思维。如果小组仍需在社区中实施项目，他们可能就需要这个机会来改进他们的项目。你可以问问学习者，根据社区合作伙伴的反馈意见，或者为下一次展示做更充足的准备，他们可能还需要哪些工作坊。在寻求改进的过程中，很重要的是，你也要勇于接受评价，问问学习者在下一个项目中你还有哪些地方需要改进（以及你有哪些做得好的地方）。让学习者对我们设计的项目提出反馈意见是有风险的，但这正是表明我们也在使用成长型思维对待工作的最佳时机。规程和周密计划有助于确保讨论富有成效并顺利进行。毫无章法地询问全班 30 多名青少年项目进行得如何，是无法得到你想要的反馈的。以下是在设定反思环节时需要考虑的一些问题：

- 如何确保每个人的声音都能被听到？
- 如何确保讨论不会被过于负面或正面的声音主导？
- 你会对反馈意见做出怎样的回应？（提示：你不必立即做出回应。）
- 对于从未向导师提出过反馈意见的学习者，你该如何为他们搭建支架？

你最不希望看到的是，自由讨论被少数强势的负面声音主导。你同样不希望在收到学习者的反馈意见时采取防卫的态度。你可以就学习者的反馈意见提出澄清性问题，也有可能学区会要求你这么做。你需要用专业、冷静和开放的态度来对待学习者的反馈。无论学习者给出怎样的反馈，你都要感谢他们提出的建议，并告诉他们你会考虑这些建议。

收到学习者的反馈意见后，你要尽快对反馈意见的某些方面采取行动，即便只是很小的方面。当你采取行动时，你就是在建立信任和尊重。你的行动让他们知道，你已经听到了他们的声音。学习者不习惯成人倾听他们的声音，所以重视学习者的声音，不仅能帮助他们建立自信，还能让他们摆脱被动接受的状态，进入自主、自尊、自驱的状态。

真正的勇士，会在困境中保持微笑，在苦难中积蓄力量，在反思中变得勇敢。

——托马斯·潘恩（Thomas Paine）

当你设计各种工具来开展反思——不仅在项目最后，更是贯穿整个项目过程——你就是在为学习者树立成长型思维的典范。在这个过程中，要保持开放。要让学习者知道，你根据他们的反馈做出的即时调整，以及这些年来你针对之前学习者提出的建议所做出的改变。你可以说："根据你们对上一个项目的反思，我们将在下一个项目中减少梳理须知问题的时间。"为学习者把两者联系起来，是确保他们知道你有多重视他们声音的重要一步。

成功故事

我们常说失败也有积极的一面，所以这个故事讲述的是，我如何把下面的失败故事转化为成功故事（也可以先阅读失败故事！）。在课堂反思后的第二天，根据一位学习者的建议，我采用了另一种更具差异化、更细致的方法，来了解学习者个人的理解程度。这一次我仍就某个须知问题进行提问，但不同的是，我要求每位学习者在自己的胸口处用手比出从 1 到 5 的数字。1 表示他们需要再参加一次工作坊，5 表示他们已经掌握了相关内容。这样，他们就能以匿名的方式寻求帮助。这一次尽管没有像我希望的那样解决许多须知问题，却让我对学习者的需求有了更好的评估。最终，我们为有需要的学习者安排了额外的工作坊以挽回局面。因为选择了不合适的反思活动，我差点儿让学习者错过了这部分的学习。你注意到了吗？使用手指报告法的整个创意来自一位学习者。正因为我向大家坦言自己不确定能否获得真实的反馈，才会有一位学习者来帮助我解决这个问题。她之所以会帮助我，也是因为她希望我们的课堂能够取得成功。

⌐| 失败故事

虽然集体分享可能是最简单、最常用的反思方法，但在这种模式下，要确保每个人的声音都被听到是很困难的。在一堂课临近结尾时，我们尝试根据掌握情况将某些问题从"须知"移到"已知"，因为我们已经进行了一系列工作坊。虽然我试着用"大拇指反馈法"（Thumbs up/Thumbs down）[①] 来判断我们是否应该把某个须知问题移出，但我可以看出，我并没能让每位同学都投入地参与到反思与反馈的过程中。我努力调整自己的状态，把许多内容移到了已知问题清单上，但我太专注于流程的引导，而不是去了解学习者的真实情况。我认为自己举办了一次工作坊，他们就应该掌握了相关内容。但工作坊并不总是等同于掌握！我们要以数据为依据，确保学习者真的掌握了相关内容。如果数据显示还需要再举办一次工作坊，那我们就该这

---

① 大拇指反馈法是一种课堂管理工具，帮助老师快速获取学习者的反馈意见。大拇指向上表示赞同或感觉良好，大拇指向下则表示不同意或感觉不好。老师通过这样的方式与学习者进行互动，了解学习者的反馈意见或听课情况，以便做出及时调整。——译者注

么做。

要点：反思有助于沉淀学习经验，为下一个项目做好准备。在这个过程中，每个人的声音都应该被听到。

从哪里开始

你可以问问学习者对上一个项目的看法。一开始你需要帮助他们，因为他们不知道该如何表达。不要直接问所有的学习者，因为你很可能只会收到零星的反馈，或者只听得到几个强势的声音。你需要一个规程。一场关注项目美好经历或项目可改进之处的"粉笔对话"会很有效，或者直接让学习者写下在上个项目中他们喜欢的两件事和想改变的两件事。整个过程的关键，是找到一个大家都认为需要改进的点，并立即改变它。然后，让学习者知道你的行动。比如，你可以这样说："从你们的反馈意见中，我了解到你们很喜欢请社区合作伙伴来参加我们的成果展示，所以接下来我们依然会这样做。你们还提到不喜欢被分配研究课题，所以这个项目中我将会给你们一份课题清单，供你们自主选择。"

即使你有些地方做错了，学习者也能感受到你在努力倾听他们的声音。这向他们释放了信号，即他们可以向你提供更多关于他们喜欢哪些或希望修改哪些内容的反馈意见。这是一种赋能，也是构建以学习者为中心的课堂过程的一部分。

思考问题

1. 反思自己的教学实践：你喜欢自己教学的哪些方面？还有哪些方面需要改进？
2. 勇敢地问学习者，作为一名教师，你在哪些方面做得比较好，还有哪些方面可以改进。

第八章

社区合作伙伴

好的合作，会推动合作双方超越自我。

——尼尔·布卢门撒尔（Neil Blumenthal）

社区合作伙伴是真实的项目式学习的重要组成部分。如果我们想让学习者解决现实世界中的问题，就需要有人把这些问题介绍给我们的学习者。还有比当下正努力解决这些真实问题的社区合作伙伴更适合的人吗？

当你要为项目寻找合适的社区合作伙伴时，你可以对照你的课程标准，思考这样两个问题：

1. 谁会关心这些课程标准以及我们的学习者？
2. 目前谁正致力于解决与该课程标准有关的论题？

如果你正在研究与调查入侵物种有关的课程标准，那么这两个问题就会把你的目光引向当地的自然资源局，以及目前正在当地州立公园里努力消灭入侵物种的工作人员。当地的自然资源局对消灭入侵物种非常重视，目前正在参与这项工作。如果你的课程标准是关于面向特定受众撰写投票权方面的文章，那么你可以联系当地的投票组织。投票组织很关心投票权，而且正在开展这项工作。

当你认为自己有一个很好的项目创意时，"谁会关心这个？"的问题未免有些煞风景。但如果想要找到合适的社区合作伙伴，这确实是一个值得问自己的好问题。在"放大学习"，我们与来自美国各地的教育工作者合作，发现每个人选出的课程标准在现实世界中都有人关心。作为内容专家，你是课堂与社区合作伙伴之间的完美桥梁，社区合作伙伴可以把现实世界中的问题带到你的学习者面前。

合理安排社区合作伙伴

一旦你决定邀请某位社区合作伙伴走进课堂，为你们的项目带来真实性，你就需要决定让他参与项目的哪个部分。社区合作伙伴可以参与项目式学习过程的任何部分，但某些部分可能比其他部分更需要他们的参与。在你开启项目式学习之旅时，邀请社区合作伙伴参与入项活动，或让他们作为真实的观众参加展示日活动，都是很好的切入点。许多组织或行业伙伴都有外联人员，专门负责与学校交流。具体来说，大型博物馆和动物园都有专门负责吸引学龄儿童的外联部门，因此，当你打电话给他们时，你其实也是在帮助他们完成任务。非营利组织也希望能有更多机会向社区传递和分享信息，因此他们通常都会有组织工作人员入校与学习者交流的计划。很多时候，让社区合作伙伴进入课堂发起入项活动，是他们专业领域内的事，也是他们参与项目的第一步。

当你通过项目式学习将更多展示活动融入课堂时，你会希望每一次展示都能有真实的观众。我在这本书里反复提到"真实的观众"，它指的是一个（或不止一个）来自课堂和学校以外的观众。你的学习者已经习惯于为了成绩面向他们的同伴和你进行展示，而当你邀请校外的社区合作伙伴加入观众行列时，你就提升了展示的重要性和真实性。你应该在入项活动的一开始就让学习者知道，社区合作伙伴将出席最终展示。在随后的整个项目中，为了保持这一真实的入项活动带来的势头，你可以这样说："记住，还要进一步提升你们方案的质量和专业性，因为血友病协会的迈克还会回来听你们的展示。"邀请社区合作伙伴作为观众，不仅可以为成果展示增添真实性，也是与社区合作伙伴展开协作的一个简单开始。

入项活动和展示日是引入新社区合作伙伴的好机会，因为这对他们来说不算很高的要求。他们通常都会毫不犹豫地回答"好的"。但当你开始要求他们花更多的时间、做更多的准备和提供更多的专业知识时，你就需要与他们建立更牢固的关系。随着你与社区合作伙伴之间的关系越来越融洽，他们也可以成为内容专家。在第 3 步的工作坊中，你可以请建筑师来讲授 AutoCAD[①]，或请 DNA 专家来介绍染色体。虽然这需要你与社区合作伙伴的关系更进一步，但邀请来自营销机构的社区合作伙伴来给学习者讲授如何说服别人，会为你们的工作坊增色不少。

我最成功的那些项目，大多是意义深远的学习，即使对社区产生的影响不那么明显；我之所以说不那么明显，是因为在我心目中这非常重要。事实上，我们做的每一个项目都在一定程度上对社区产生了影响。

——安德鲁·拉森

---

① AutoCAD 是一款广泛用于建筑、工程和设计领域的精确绘图软件。——译者注

关于社区合作伙伴，有一点要提醒大家：不要把他们等同于赞助人！有时，我们看到一家企业就会想到我们的教室或学校需要什么东西，并认为他们肯定能帮上忙。虽然他们确实可以给予资金支持，但社区合作伙伴存在的意义远不止于此。社区合作伙伴的参与会让学习者知道，他们正在做的工作是值得不懈努力的。

关系，是所有社区合作伙伴行动的关键。你与社区合作伙伴的关系将决定你能向他们提出多少要求，以及他们愿意为你的学习者做多少事情。维护与社区合作伙伴的关系是让他们一次又一次来到你课堂的关键。如果你请别人来，却向他们要钱，那你就是在滥用这段关系。如果你第一次邀请别人来，就要求他们待上 8 小时，那你很可能会破坏这段关系。你的工作是搭建桥梁，找到一个让社区合作伙伴自然参与进来的切入点，而不是一次又一次地让他们疲于奔命。正如我提到过的，一个简单的切入点，可能是花一个小时观看一场成果展示或发起一个入项活动。这种良性互动有助于双方建立关系。

当你为社区合作伙伴提供一个简单的切入点时，他们通常都会做出非常积极的回应。一旦他们在相对轻松的情况下与你的学习者进行互动，他们就会看到你正在做的事有多了不起，并知道你会重视与他们的关系。在建立了一定的关系后，你就可以开始向他们提出更多或更高的要求。如果社区合作伙伴第一次来访时，你请他们作为观众观看了学习者的成果展示，那么接下来你就可以问问，是否可以到他们的工厂或办公室进行实地考察。随着关系的发展，你还可以邀请他们来你们学校举办一些工作坊。一切都取决于你们之间的关系。

下面这个真实的失败故事将展示一些常见的错误，这些错误可能会妨碍关系的建立或进一步发展，比如想当然地认为教育界以外的人也都是通过铃声来管理自己的生活的。

成功故事

苏珊来自一个实践项目式教学的大型学区。作为一名深谙社区合作伙伴重要性的导师，她一直在积极地寻找可以合作的对象。苏珊拥有一个广泛的社区帮助网络，以便寻找可以提高课堂真实性的社区合作伙伴。眼下，课程标准和项目产出都已确定，只差一个合适的人选来帮助她启动新项目。在麦当劳快餐店排队时，她发现排在自己前面的是一位警官。于是，她抓住机会，利用排队时间与这位警官进行了2分钟的简短交流。就这样，苏珊找到了一位非常愿意走进她的课堂的社区合作伙伴。原来，这位警官是外联部门的，所以进学校做报告本就是他的职责所在。真是一举两得！

失败故事1

我曾与T女士合作，她勇敢尝试了邀请社区合作伙伴走进课堂。在此之前，我们一起确认过课程计划，学习者也准备得很充分。社区合作伙伴将第一次走进课堂，观看学习者的成果展示并提供专业的反馈意见。当我跟进项目进展情况时，惊讶地发现，T女士一点儿也不满意与社区合作伙伴的合作。以下是我们的对话：

我：怎么样？社区合作伙伴的加入，是不是让你的课堂变得完全不一样了？

T 女士：完全没有！简直太糟糕了！他没来！

我：他根本没来？他至少打过电话吧？

T 女士：嗯，他后面还是来了，但他迟到了。结果就是我带着30个七年级学生，而嘉宾不在。

我：你通知他什么时候到？

T 女士：第三节课9:24，但他9:30才出现！

你发现这里面的问题了吗？在 T 女士的世界里，与七年级学生一起度过 6 分钟计划外的时间简直让人心烦意乱。而对她的社区合作伙伴来说，9:24 意味着对方可能希望他在 9:30 之前到校。在教育界以外，9:24 和 9:30 的意思是一样的。

在邀请社区合作伙伴进入课堂时，第二个常见的错误是，想当然地以为他们毕业后还一直待在学校这样的环境中。要知道，在学校里，你们的生活常态与大多数人是不同的。社区合作伙伴很可能不知道你们的教学楼布局，也从未以成人的身份体会过课间的情景。当他们看到初中生在下课后好似不受约束的野生动物一般乱跑、喧哗、打闹时，你觉得他们会怎么想？初中教师却认为一切都很好，没有任何问题。**我们的社区合作伙伴并不理解你们眼里的常态。**

为了让社区合作伙伴能够在放松的状态下进入教学楼，让学生向导迎接他们是专业的做法。学生向导可以在社区合作伙伴进入教室之前，就开始与他们建立积极的关系。坚定的握手、微笑，以及关于班级和项目的背景介绍，都将有助于关系的建立。学习者很可能不知道该如何与外来嘉宾打招呼，但午餐期间的几次快速培训就能帮助他们掌握当向导所需的基本技能。学生向导的经历有利于培养他们进入大学和职场后所需的人际交往能力与展示能力。检测学习者是否具备向导技能的一个好方法，是请另一位教师扮演嘉宾，请学习者带着"嘉宾"从校门一路走到教室。这样的演练是非常值得的。

我们在邀请社区合作伙伴进入课堂时，经常犯的第三个错误是"没有后续行动"。当你和学习者与一位新的社区合作伙伴首次合作成功，并准备继续合作时，不要忘记花点儿时间来感谢你的嘉宾！社区合作伙伴抽出他们宝贵的时间来支持下一代的教育和培养，这是一种慈善行为。虽然他们做这些并不是为了得到你们的感谢，但用一封感谢信来肯定他们良好的公民意识也是不错的。注意不是电子邮件！当你访问社区合作伙伴的办公室时，你绝不会看到一封打印出来贴在墙上的感谢信，但你经常会看到一封手写的感谢信。后续跟进不一定非要是感谢信的形式。你也可以与他们分享他们所参与的项目的最新进展，或者是你与学习者一起取得的令人兴奋的胜利。把你们取得的成果与胜利尽可能多地分享给社区合作伙伴。

⊩ 失败故事 2

有一所学校请我们帮助他们提升学习者在项目中的参与度。他们曾与另一个团队合作启动了项目式学习，尽管这所学校已经掌握了项目式学习的结构和术语，但他们并没有看到预期中学习者的投入。这个情况让他们有些沮丧，因为项目式学习应该是一种很好的教学模式，能够让学习者从漠不关心变为积极投入。

在飞往他们学校之前，我们请他们把项目规划表发给我们。很快，我们就发现了造成学习者参与度低的原因。虽然他们的项目以课程标准和有趣的成果产出为中心，但当看到成果展示的观众设定时，我们发现了问题所在——观看展示的所有观众都是"学习者和教师"。他们没有邀请任何校外的社区合作伙伴参与。缺乏真实的观众是造成这次失败的主要原因。

身为教师，你对学习者非常重要。你占据了他们一年中大约 184 天的时间，你们之间建立了深厚的联结，这对他们的茁壮成长至关重要；但你的学习者也知道，如果他们没有交出最好的作业，你仍然会爱他们。这可能会导致他们的成果展示乏善可陈。而当我穿着衬衫、打着领带，以社区合作伙伴的身份出现时，在他们眼里，我是一个带来神秘感和压力的陌生人。学习者可能会问诸如此类的问题：

- 他为什么在这里？
- 他会很凶吗？
- 他会和蔼可亲吗？
- 他会对我的展示说些什么？

展示结束后，你和学习者都会很感谢有这样一个外来人走入课堂，给予你们的项目成果真实的反馈。这也是在告诉学习者，他们所做的工作如此重要，以至于人们会愿意在工作中抽出时间来聆听。

要点：社区合作伙伴会从你的课堂带走一个故事，你要确保这是一个好的故事。

从哪里开始

那么，如何开始与社区合作伙伴建立联系呢？

儿童博物馆和动物园等大型机构一般都设有教育部门，负责寻找合作伙伴。当你联系这些教育部门时，他们已经做好准备为你的课堂提供帮助了。为了增强这种合作关系，你需要寻找双赢的方案。你在课堂上所做的事情如何能帮助他们实现愿景？比较成熟的博物馆，是我唯一建议你可以直接打电话联系的地方，主要是因为他们教育部门的人也在期待着你的电话，或正在积极寻找可以合作的教育工作者。

另一个切入点则是你们当地的小型非营利组织。他们的负责人很希望能把他们正在做的事情告诉更多的人。一般来说，小型非营利组织的负责人在工作日都会有空，他们的主要工作就是倡导自己的主张。如果你能帮助他们解决问题，他们会很乐意与你合作。与非营利组织建立合作关系可以实现巨大的双赢，这也是教导学习者回馈社会的绝佳途径。

在你投入过多时间给当地的每一家大型企业打电话之前，请注意你们学区可能本就有一些真实的观众。高年级学生喜欢向低年级学生做展示，而且高低年级的课程标准都是纵向关联的。学校董事会成员、校长和学监都可以参与进来，这也是为你在课堂上所做的精彩工作争取支持的好方法。学生家长也会热心参与，他们就在你所在学区。设计一张简单的表格让学习者带回家，就能找到一些社区合作伙伴的线索。

一旦你看到了社区合作伙伴对学习环境的益处，无论你到哪里，都会尝试寻找他们的身影。

思考问题

1. 你曾在什么时候邀请过社区合作伙伴进入你的课堂？学习者有什么样的反应？

2. 你们学校已经与哪些社区合作伙伴建立了联系？

3. 你所在社区有哪些企业？

4. 你所在社区有哪些非营利组织？

5. 你可以与哪些地方政府或州政府机构合作？

6. 你可以与哪些州立大学或社区大学合作？

第九章

规范与规程

缺少了结构和约束，将很难充分发挥创造力。

——戴维·艾伦（David Allen）

规范与规程为导师和学习者提供了学习框架。缺少了结构，学习者或导师将很难理解隐含的规则。约翰·哈蒂（John Hattie）的研究表明，清晰度是促进学习进步的最重要指标之一。我们可以通过使用一致的规范和规程，为我们的学习者创造清晰明了的学习环境。有了这样的结构，导师和学习者都能做得更好。

规范是有利于学习的一系列约定条款。规范不应局限于规则，它更应该是赋能的，应该依据学习者的意见和选择来创建。"请大家读一读我的课堂规则"和"为了营造尽可能好的学习环境，现在我们要制定大家需要共同遵守的规范"，两者有很大的区别。在制定规范的过程中，我们要给予学习者充分的发言权。

制定规范

下面是建立规范的步骤，你可以在你的课堂上使用。

准备工作

- 给每位学习者发一些便利贴。
- 准备一块黑板，用来贴便利贴。

具体步骤

- 告诉学习者："我们要一起来制定规范。规范就是在239教室里我们认为正常的事情，也就是说，我们都将尽力遵守它们。那么在239教室里，你们需要什么才能学得最好？"

- "请拿一些便利贴，写下你们认为在这个课堂上取得成功所需要的三样东西。每张便利贴上写一个想法。在我们开始写下具体想法之前，还有什么问题需要澄清吗？我会给你们4分钟时间。准备好了吗？开始！"

- "再用2分钟写下所有你们还能想到的内容。"

- "接下来，你们需要把便利贴拿到前面来，并贴在黑板上。在贴便利贴的同时，请阅读其他同学的想法，看看是否与你们的想法相似。如果你们的想法相似，就请把便利贴贴在一起。在这个过程中不要说话。有什么需要澄清的问题吗？谁能用自己的话重述一下我们下一步要做什么？"

- 现在，你可以请学习者站起来走动一下，把写有规范的便利贴贴到黑板上，并阅读黑板上的其他规范。你可能需要做一些引导，帮助他们整理思路。

- [变化形式] 如果这个方式听起来会导致太多学习者起身走动，那你可以把他们分成3—5人的小组，让他们先在组内初步整理规范。然后，每组派一名代表把他们整理好的规范拿到前面来。

- 在学习者把规范贴到黑板上的过程中，如果你发现一个积极的行为可以作为范例，不妨让他们暂停，说："啊！太好了！我看到凯莱布把他'需要安静的工作时间'的便利贴，贴在了萨迪'需要时间来开启一项任务'的便利贴旁边。把类似的想法合并起来,这样做很棒!"

- 大约 7 分钟后,差不多完成了,你可以感谢学习者为建立规范做出的贡献。

- 观察黑板时,你会看到一些自然的分组。你需要为每个分组创建类别。创建类别的时候,你可以问学习者:"这样的措辞能否表达你们的想法?"

- 除了感谢学习者为创建这样一个所有学习者都能发表意见并茁壮成长的合作式课堂环境所做的工作,你还可以再次提醒他们这些规范是由他们提出的,每个人都要努力遵守。

- 如果有些规范明显缺失,你可以说"我们需要保护每个人的发言权吗",以填补学习者可能遗漏的地方。

通常情况下,你最终得到的清单看起来和你通常制定并分发的课堂规则很像,但对学习者来说两者却有所不同。如今,学习者已经参与到了制定规范的过程中。这个赋能的过程,将会给课堂文化带来巨大的改变,为此花上 20 分钟的课堂时间是非常值得的。此后,当你要纠正课堂行为的时候,你就可以指向全班创建的规范,而不是你自己制定的规则。你不是在与全班对抗,执行你的不公平规则,而是在帮助学习者满足他们的需求,实现他们的愿望。如果你想再进一步,你可以让每个人在这份规范上签字,表示他们同意遵守。为此,你可能需要举办一次"如何签名"的工作坊,这本身也是非常有价值的学习。

教育不是注满一桶水，而是点燃一把火。

——威廉·巴特勒·叶芝（William Butler Yeats）

践行规范

恭喜你！通过让学习者帮助制定课堂规范，你已经将部分控制权交给了他们。

现在是时候示范如何践行这些规范了。我建议，至少在最初的几个星期里，每次你依据规范做事时，都要特意指出来。

你可以这样说："因为我刚介绍了新信息，所以我会给你们一些独立学习的时间。规范的第 6 条提到，每次介绍新信息后，你们都需要一些独立思考的时间。"如果你发现自己忽略了某条规范，那就更好了："哦！我向你们道歉。我刚刚意识到（或卢克指出）我没有遵守我们的一条规范。规范的第 2 条提到，每次考试前都要给大家留出快速复习的时间。现在请用 5 分钟的时间来复习一下你们的笔记。"向学习者表明你也是人，忽略了某条规范是可以接受的，但一定要道歉并重回正轨。

如果一位学习者对另一位学习者有意见，你可以问："你觉得他没有遵守哪些规范？"或者一位学习者跑过来对你说："施托伊尔先生，你没有遵守第 3 条规范。"无论如何，在示范和维护规范时，你都要保持开放和专业的态度。在建立课堂文化的过程中给予学习者发言权，会赋予他们力量。

规程

规程是让对话有条理、有方向的一种工具，能使所有的声音都有机会被听到。规程在为合作、反馈提供必要支持的同时，也增加了清晰度，更便于项目式学习的开展。总的来说，规程是课堂文化建设的另一个强有力的组成部分，能够促进合作、提升效率、增强专业性。导师和学习者都很感谢规程所带来的条理性，因为每个人都清楚规则和自己的角色，并意识到自己的声音会被听到。规程可以用来保护内向者的声音，聚焦外向者的声音。当我们尊重规程的规则时，我们也在告诉学习者，不是只有最响亮的声音才能被听到。

规程是让对话有条理、有方向的一种工具，能使所有的声音都有机会被听到。

——瑞安·施托伊尔

在首次执行某个规程后，我建议进行一次复盘，以了解规程的执行情况。

复盘可以让学习者有时间反思刚刚进行的学习。正如第七章所述，反思不应该只在项目结束时进行。我们需要在项目式学习的整个过程中进行持续的反思和调整。反思和调整也是给予学习者更多发言权与选择权的一种方式。

我们可以问问他们："这个规程对你们来说效果如何？"如果他们说效果很好，我们就可以说："太好了，那以后我们可以多用这样的规程，因为规程能帮助学习者学习。"如果他们提出了一些冷反馈，我们则可以说："感谢你参与这个规程并提供反馈意见。你认为下次我们可以做哪些调整？"无论如何，我们都是在尊重学习者的发言权，使他们能够提供反馈意见，并让他们知道，他们的意见很重要，以此鼓励他们以适当的方式更多地行使自己的发言权。

‖ 成功故事

作为成人，我们经常使用改编后的优化规程，来调整我们的项目创意。每次我们分享完"我喜欢""我想知道"和下一步行动后，之前陷入困境的导师就会说："太感谢大家了！你们帮助我突破了卡点。现在我有了很多想法，可以帮助我继续前行。"这样的事情发生了一次又一次。

一个短短 8 分钟的优化规程，就可以凝聚团队的专业知识来解决问题。这也给导师和学习者上了很好的一课：一个房间里最聪明的人或许就是这个房间本身。①

---

① 这句话出自戴维·温伯格的《大到无法知晓》（*Too Big to Know*）一书，书中探讨了信息时代里，知识的性质和获取方式发生了巨大的转变，强调了在合作和知识共享的环境中，群体智慧往往超越个体。——译者注

一个房间里最聪明的人或许就是这个房间本身。

——戴维·温伯格（David Weinberger）

‖ 失败故事

首次与学习者一起执行一个名为"连接"（Connections）[①] 的规程时，我选择了通常适用于成人的时限。这样一来，在执行这个加长版的规程最后，就会空出整整 3 分钟的沉默时间。我很期待和学习者一起使用这个规程，让他们认识到沉默的价值。于是，我们就这样一起静静地等待。尽管我深信教会学习者沉默的价值是十分重要的，但 3 分钟的尴尬对视，实在是有点儿过犹不及了！在对规程进行集体反思后，我们一致认为大家目前还没有准备好用加长版的规程。根据学习者的反馈意见，我们调整了时限，并取得了巨大成功，后续我们又一步步延长了时间。我们不必害怕这些失败故事，因为它们可以转化成真实、透明的学习经验，我们和学习者都会从中受益。

要点：规范和规程让每个人都拥有发言权，并为学习提供了一个安全、有序的结构。

[①] 连接是一个结构化的小组分享规程，常用于课堂讨论或小组会议的开始，目的是让参与者有机会通过个人的反思和分享，将自己当下的状态与将要去往的方向更好地连接起来。——译者注

从哪里开始

如何利用规程来建立一套实用的课堂规范？从一个班级开始，用本章分享的行动步骤建立规范。有时，想到要与所有学习者一起开始新的学习的确会让人不知所措。即便你是在学年中期才读到这篇文章，也请试着用规程来建立规范。学习者喜欢发表自己的意见，而你也会浅尝执行第一个规程的滋味。

思考问题

1. 你平时会在教工会议上发言吗？为什么？
2. 规程是否有助于你和其他人分享自己的想法？
3. 每位学习者都有自己的学习和分享偏好。你在满足学习者的个性化需求上有什么成功经验？

第十章

发言权和选择权

如果你不给予他人发言权，你就无法真正了解他们。

—— 爱丽斯·沃克（Alice Walker）

我们通过发言权和选择权来为学习者赋能，让他们参与到学习的过程中来。学校不仅仅是学习者接受教育的地方，还是他们在主动发声和自主选择的过程中参与学习的地方。对学习者而言，上学是不可避免的现实，而当他们最终在学习方式上有了一些选择权时，他们就会获得力量。那些被动或缺乏兴趣的学习者在参与决策过程时，就会成为积极的学习者。

当你给予他人选择权时，他们就有了往前一步、主动参与的机会。一项关于选择权对内在动机影响的元分析研究提到，"结果表明，给予选择权能提升内在动机、努力程度、任务表现以及胜任感"。你希望学习者更努力、更好地完成任务吗？当然。但如果你一想到要让学习者拥有发言权和选择权就感到害怕，我也不会觉得惊讶。这样做确实是需要勇气的，但对你和学习者来说，这段旅程绝对是值得的。

我遇到过许多准备把课堂完全交给学习者、让他们做决定的教师，也遇到过一些因为一次糟糕的经历，就再也不肯放权的教师。因此，我学会了把发言权和选择权视作一个连续体。连续体的左边是由教师完全主导课堂选择。在慢慢往右移动的过程中，你开始让学习者选择，比如，先让他们决定使用哪支铅笔，再让他们选择座位、小组成员等。一旦到了最右边，就会出现无组织状态！课堂上的无组织状态在各个层面都是不好的。

完全以教师为中心　　　　　　　　　　完全以学习者为中心

一方面，教师事事紧抓会造成学习者的被动；另一方面，尽管无组织状态可能非常吸引人，实际上却无法实现真正高效的学习与合作。这两个极端都不好，所以你必须在中间找到最佳点。这个最佳点可能取决于学习者的年龄和成熟度、你在发言权和选择权方面的经验与学习曲线，以及具体的项目。

实践放权的过程，也体现了成长型思维，因为你希望不断改进，慢慢向右边移动，找到最适合你和学习者的那个点。如果你们陷入了无组织状态，那就往回退一点儿！

当我们谈论为学习者赋能时，发言权和选择权经常被混为一谈，这有一定的道理，因为它们是相似的概念。但在这里，我想分别定义这两个概念，并分享一些有助于你着手实践的案例。

发言权

本章开头爱丽斯·沃克那句话的另一种说法是："如果你给予他人发言权，你就能了解他们。"给予学习者发言权，就是让别人听到他们的声音。

与你脑海中可能冒出的想法恰好相反，给予学习者发言权并不意味着总是满足他们的要求。有许多方法可以将发言权融入课堂，让学习者倾情投入学习。一个小小的尝试，可以是征求他们对你们刚刚完成的项目或活动的反馈意见（如第六章所述）。一项活动结束后，你可以问学习者两个问题：

- 你喜欢这项活动的哪些方面？
- 如果我们再来一次，你对这项活动有什么建议？

你可以把这些问题放在单元考试的最后，也可以用便利贴将其做成"下课通行证"。无论你以什么样的方式收集这些信息，重要的是，你要提出问题，并让每个人都参与进来。当你提出问题时，你就是在告诉学习者，在你的课堂上他们的声音很重要。你是在告诉他们，他们的参与会为课堂带来改变。

将发言权融入课堂文化的另一个例子，是每月或每周开展一次学习者意见小组（learner voice group），你可以借此收集学习者对项目进展或课堂文化的反馈意见。虽然学习者意见小组提出的反馈意见并不全都能实现，但你应该尽快让学习者看到一些积极的变化，让他们知道我们在倾听。例如，学习者意见小组可能会提出，想要一台新的自动售货机，想要更多的上厕所、听音乐的时间和更加结构化的工作时间。导师可能会在下周增加上厕所时间时指出，这些额外的时间是根据学习者意见小组的反馈意见安排的。导师还可以与学习者意见小组讨论引进新自动售货机的费用和学校的相关规定。学习者意见小组旨在创建一个对话空间，因此，导师也可以利用这个机会提出自己对课堂的某些担忧，以获得反馈意见。发言权就是让学习者在一个通常要求他们坐下、保持安静并服从的环境中能够发表自己的意见。

学习者意见小组不一定非要有很强的组织性才能开始，这是进一步探索学习者发言权的好方法。你可以每月邀请 7 — 10 位学习者在教室里共进一次午餐。你每次可以选择不同的学习者，这样你就能听到来自不同人的观点。你可能会发现，与常规课堂相比，在这种环境下，学习者更愿意发言。提前准备好一些问题，并做好记录。记笔记是一个很好的肢体语言信号，让学习者知道他们所讲的内容对你而言很重要。在这个过程中，你将不断磨炼自己的倾听技巧以及你赋予学习者发言权的能力。

有一样东西，别人都没有，只有你有，那就是你自己。你的声音，你的思想，你的故事，你的愿景。所以，按自己独特的方式来写作、绘画、建造、演奏、舞蹈和生活。

——尼尔·盖曼（Neil Gaiman）

学习者意见小组会给你带来惊喜。即使一开始并不完美，但它为学习者提供了一个畅所欲言的渠道，对构建积极投入的学习者文化绝对是有帮助的。

如果你也想要组建自己的学习者意见小组，那亲自实践并积累经验会是最好的学习方式。以下是一些建议：

- 成员多元化。

- 把过程公开。

- 让不同的学习者轮流参与。

- 询问他们的意见……采纳一些意见。

- 定期会面。

- 告诉目前不在学习者意见小组里的学习者，如果他们有想法或疑虑，可以与当前小组成员讨论。

选择权

让学习者拥有选择权，就是让他们对自己的学习拥有一定的控制权。从历史上看，教育一直是关于控制和服从。因此，当我们给予学习者哪怕是最微小的选择权时，他们都会热烈响应。我们可能还没有做好准备，让学习者选择想要学习的课程标准，但我们可以让他们选择通过哪些途径来展现对课程标准的掌握程度。肯定会有一些不容商量的事情，但我们需要知道教育中有哪些是可以商量的，并尽可能多地让学习者做出选择。给予学习者选择权，有利于培养他们的自主性。有研究表明，自主性能创造参与度。

你可以从为学习者设置"选择板"（Choice Board）开始，来尝试给予他们选择权。"选择板"可简单，也可复杂；关键是要给学习者提供多种途径来证明他们的学习。在网上搜索"选择板"，你就能找到各种可供参考的创意方案。找到最适合的方案后，你需要在严谨性和参与度之间找到平衡。一方面，让你的学习者有选择的空间，另一方面，你也有方法证明他们已经掌握了课标要求。从小处着手，不断成长！

‖ 成功故事

你们有没有被排到过下午一点吃午餐？我们都知道，任何一个创新性教育举措都可能受校车和午餐时间安排的影响。你们如果被排到第一个午餐时段，可能吃的就是一顿早午餐，如果被排到最后一个午餐时段，就难免饿肚子。学习者意见小组指出了这个显而易见的问题——这样的安排很有问题。如果没有学习者意见小组，那学习者就只能每天抱怨，但有了学习者意见小组，我们就可以倾听学习者的心声，并寻找可能由他们创造的解决方案。

在讨论被排到最后一个午餐时段难免挨饿的难题时，学习者意见小组面临的挑战是，他们需要提出一个解决方案，而不仅仅是抱怨。他们最后提出的解决方案是购置一台自动售货机。尽管这个方案实施起来似乎不难，但问题是目前的自动售货机只提供糖果，并不能真正充饥或补充营养。经过热烈讨论，学习者意见小组提出了一个新的解决方案，即在课间的某个固定时间出售更有营养的点心，所得收入用于资助团队活动。经过进一步的细节讨论，包括合理的测算，导师同意了在课间出售营养点心的方案，学习者意见小组取得了重大的胜利。此后，导师就可以这样问："你们还记得当时我们听取了你们的意见，在课间提供营养点心吗？"学习者看到导师打开了沟通渠道，这就建立了一种信任，赋予学习者力量。

我不害怕对抗。不一定非要争吵。我们都有自己的声音。它们都值得被倾听。

——亚当·古德斯（Adam Goodes）

‖ 失败故事

考虑到选择权和自主权能够为学习者赋能，我们建立了一个学习者可以自主选择的工作坊轮换系统。

我：安娜，你参加过我的复合句工作坊吗？

萨拉：没有。

我：为什么呢？

萨拉：你让我们自己选择并安排时间呀。我没选那个。

我：但你在复合句方面不需要帮助吗？

萨拉：可能需要，但这个工作坊听起来没有技术工作坊或团队建设工作坊那么酷。也许你应该取一个更吸引人的标题，就像你总告诉我们的那样。

就这样，透过一位八年级学生看似合理的逻辑，必选工作坊诞生了！拥有选择权是好事，但有时候孩子们不会选择那些对自己最有用的。基于数据的须知问题提供了一种指定必选工作坊的系统方法。我想特别指出，虽然我们希望尽可能多地给予学习者发言权和选择权，但我们仍然有权在必要时指定工作坊和作业。

要点：发言权和选择权将使学习者成为学习的积极参与者。

从哪里开始

请记住，发言权和选择权是一个连续体，因此，从哪里开始完全取决于你和你的学习者。为了增加学习者在课堂上的发言权，你可以在单元结束时增加几个反思性问题，例如："你喜欢这个单元的哪些地方？对下一学年的课堂，你有什么建议？"当你感受到发言权的力量时，你可能想在午餐时段请一个小组来和你聊聊。增加学习者在课堂上的选择权，也可以从小事做起。首先，你可以让他们选择课桌的摆放方式，或者用哪种方法来证明自己对课程标准的掌握程度，抑或是干脆问问他们需要学些什么。当你开始把发言权和选择权融入课堂文化时，你会发现学习者开始支持自己的学习。一旦学习者知道你会倾听他们的心声，他们就会告诉你最适合他们的学习方式，或者是否需要增加某个工作坊。当你开始踏上赋予学习者发言权和选择权之路时，你肯定会遇到一些挫折，但你一定不会回头。

思考问题

1. 你会对在课堂上放弃一些控制权感到不自在吗?

2. 你可以朝着发言权和选择权迈出的一小步是什么?

3. 你可以为学习者提供的更深层次的选择权是什么?

4. 你在哪些方面已经给予了学习者发言权和选择权?

5. 你可以如何收集学习者的意见?

第十一章

评分

　　只有在教师就如何提高成绩给予具体指导和方向的情况下，成绩才会对学生的学习产生促进作用。试卷上方的分数和等级对学生的进步毫无帮助。

　　　　　　　——托马斯·古斯基（Thomas Guskey）

在你的课堂上，学习者得"C"意味着什么？是否意味着学习者掌握了所学内容，但没有完成作业？是否意味着学习者迟交作业？是否意味着学习者对所学内容知之甚少，却很听话地交了作业？如果你从来没有仔细考虑过你的评分，那么你要知道，这个"C"很可能意味着很多这样的事情。当我们投身于项目式学习时，我们还会评估学习者的就业技能。尽管有越来越多的人接受在评分中加入课标之外的内容，但我们仍希望能确切地知道我们的评分究竟意味着什么。我们给出的字母等级只是供我们使用的一种交流工具，但它却受到了极大的重视，因此我们要确保我们知道自己在传达什么。本章提供了一些实用技巧，帮助你思考哪些东西对学习者是真正重要的，以及如何给这些内容评分。

当然，你需要对你认为重要的东西进行评分。内容掌握情况、学习态度、合作和参与，这些都很重要。那么，我们该如何给这些重要的想法进行评分呢？我们又该如何以一种让学习者看到进展的方式来传达这些评分？

为了坦率地传达你的评分，分不同板块进行评分是很有帮助的。虽然项目式学习会推动你将就业技能带入课堂和成绩册，但我也没有忘记，你受雇于学校主要是为了将特定的学科内容教给学习者。因此，成绩中的很大一部分应该来自学习者对学科内容的掌握情况。当你进行一次与课标直接挂钩的学科测验后，这些得分就应该计入内容板块。如果你想要清楚地传达你的评分，你就不能因为学习者迟交作业而在内容板块扣分。

你也许认为这样做必定会乱成一团，准备就此合上这本书。在你这么做之前，我希望你能知道，你仍然可以给迟交作业的学习者扣分，以传达你的期望；但不同的是，让我们创建另一个板块来记录这一点。如果创建一个学习态度评分板块呢？有些学习者可能已经掌握了遗传学相关内容，但因为缺乏自我管理能力，所以他们的作业迟交了一周。他们的作业内容也许会得"A"，但他们的学习态度可能会得"F"（或"有待改进"）。

你是否开始慢慢理解，评分板块可以帮助你明确地传达期望？每次我们在暑假期间组织项目式学习工作坊时，总有教师会提到小组作业的评分问题。小组合作历来被学习者、家长甚至教师讨厌，是有一定道理的。很多时候，所有工作都是某位组员完成的，但所有组员最终却得到一样的成绩；或者有一位组员的表现很糟糕，结果所有组员的成绩都受到了影响。那么，我们该如何有效地教会学习者合作，并确保他们的成绩是靠自己而非整个小组赢得的？

如果我们像上面那样分不同板块进行评分，就可以把学科内容、学习态度、合作以及展示的成绩分开来。和传统的小组合作相比，这样做有明显的优势。例如，你可以创建基于标准的评估，以显示学习者个人对学科内容的掌握情况。如果你把学习者个人的学科内容成绩设定为占总成绩的85%，就能确保他们的大部分成绩来自学科内容。成绩的另外15%可以是学习态度占5%、展示占5%和合作占5%。

- 85% = 学科内容

- 5% = 学习态度
- 5% = 展示
- 5% = 合作

这样的平衡，既保证了小组作业可以被评估，以便我们给予反馈，但又不会占比太高，以至于压制学科内容的成绩。重要的是，这样的设定让学习者在积极参加小组活动的同时，仍能靠自己获得95%的成绩。我们打破了"一个糟糕的小组，会毁掉一个人的成绩"这一观念。

这仅仅是如何通过评分传递信息的一个例子。作为教育工作者，我们要能够向家长和学习者解释我们的评分细则。你能说清楚为什么你们班的某位学习者取得了这样一个成绩吗？找一本关于评分的书来学习是一项值得付出的努力，它会让你在今后的教学实践中更加自信。

没有分数，学生也能学习，但缺少及时的、描述性的反馈，他们就无法学习。

——里克·沃梅里（Rick Wormelli）

∥ 成功故事

你为学习者的就业技能评分，就会看到学习者展现出这些技能。

我们希望学习者表现出色，希望教给他们未来在大学或工作中需要的技能。在重视培养学习者就业技能的小学里，你可以参观校园并听取一组学习者发言，他们将巧妙地回答你的问题。我在参加一所学校的某次学习展示活动时就体验到了这一点。接待我的是一位九岁的、能说会道的"导游"（他们肯定特别练习过导游相关技能！）。小组成员对问题的回答也让我大开眼界。他们都做了充分的准备，展现出明显的学习效果。他们没有照本宣科，而是接受了成人观众的即兴提问。

小组讨论结束后，有人向我提了一个意味深长的问题，这让我对这项工作有了更深刻的认识："您认为这些学习者中，谁在接受个性化教育计划？"我完全无法分辨，根本猜不出来。这群学习者让我看到，学校里表现出色的孩子和可能身陷困境的孩子之间的正常界限已经被项目式学习消除。所有的孩子都充满自信，渴望与他人分享自己的学习成果。

‖ 失败故事 1

我们的项目已经进入尾声，而学习者什么都没做成。我设计了一个既真实又吸引人的项目。我让学习者分组工作，这样他们就能产出更多的成果。在他们准备最终展示的前几天，我们进行了模拟展示。我请第一组上台展示，结果他们准备得非常不充分。接下来的三组也是如此。之后，我让大家都停下来，并利用剩下的时间与各个小组会面，以便他们能够达到项目的要求。

我最大的失误是等到项目结束时才给他们打分。他们的大部分成绩都要通过这 5 分钟的展示来获得。我意识到，我们需要设置基准点来帮助学习者不断完善他们的成果展示和项目产出，而我也需要看到学习者的学习状况，以帮助他们继续前进。这次经历之后，我就主张在项目式学习的第 3 步中设置基准点，这样，展示更像是对学习的真实庆祝，而不是让我们手忙脚乱而徒劳的评分竞赛。

失败故事 2

安德鲁·拉森在第二章中分享了他的酵母菌项目的成功故事，我请他在这里再分享一个失败故事。我之所以将安德鲁的失败故事放在评分章节，是因为他的评分原则会对你的项目式学习之旅有很大的帮助。另外值得注意的是，安德鲁从失败中吸取了教训，并寻求了帮助。

我记忆中最大的失败是我的第一个项目。那是 2008 年，这门课程当时（现在仍然是）叫"全球科学视野"，它融合了九年级英语和环境研究。时至今日，我仍觉得这门课程是我最引以为豪的成就之一，尽管它偶尔也会磕磕碰碰、模糊不清、杂乱无章、内容过多、规模过小、超额招生。

那时，我们的学校刚开学一个月，我们对自己（以及学习者）将要做什么，有着各种奇怪的想法。老实说，关于这个项目的很多细节我都不记得了，现在回想起来，这可能是因为当时我们根本不知道自己在做什么。

我们完全是从零开始创建那门课程。这有点儿像"一边开飞机，一边造飞机"。我记得当时我们对自己的创造感到非常兴奋，并自负地认为这门课程一定会很棒。我曾读过一些关于项目式学习的资料，里面提到项目式学习所具有的建构主义属性，我便误以为在项目式学习中，以学习者自学为主。因为我们并不真正知道我们的课程究竟是什么样子，所以我们认为，采用建构主义的方法来开展第一个项目是恰当的。

我和我的搭档老师请学习者为这门课尚未出版的课程指南设计一个封面，但当时这门课程正在创建中，我们之前从来没有上过。（这听起来像不像为失败埋下了伏笔？）我们原本的构想是学习者可以通过设计封面来理解这门课的真正内容，但问题是我们自己都还在摸索中。

在成果展示的前一天晚上，我接到了一位情绪激动的家长的来电。她在为自己的女儿辩护，她说孩子心烦意乱，因为她完全不知道自己应该展示什么。我当时睡得昏昏沉沉，没有很好地回应这位母亲的担忧。轮到这个小组展示时，情况开始失控了。这位学习者（我要补充一下，她是我们最优秀的学习者之一）并没有就指定的内容进行展示，而是分析她所在小组合作中出现的问题，进而提出尖锐指责。她的结论是，他们小组之所以失败，是因为我们（她的导师们）没有教会他们如何合作。我头一次那么想消失在桌子底下。

可以说，这个项目构思至少隐含两个巨大的危险信号。第一个，也是最大的一个问题，就是我们的目标不明确，脱离了核心知识和课程标准。我们希望学习者设计的封面具有艺术性，视觉上能够引人入胜，从而反映一系列全球主题，那么我们就应该向他们介绍这些宏大的、抽象的全球议题，例如气候变化、贫穷、食物不平等、宗教纷争等。但事实上，我们无法通过概述的方式让他们深入理解这些主题。

换句话说，这个项目缺少对内容的关注。这是一个严重的问题。我深刻地记得，有位学习者说"我觉得我什么都没有学到"。

我们告诉他："你要相信这个学习过程。"教育者给学习者的这个建议听起来合理，但前提是教育者确实规划了这样一个过程。

另一个主要问题，也是我在写作以及与其他教育工作者交流时，花很多时间讨论的，基于这样一条原则：不评估自己没有教过的东西。在上面的故事里，我们就没有做到这一点。在项目式学习课堂上，学习者会用到从认知加工到沟通表达，再到团队合作等各种能力。要追踪的东西实在太多了。但只要导师不认为学习者的每一项表现都需要评估，那就不会有问题。我的意思是，他们可以评估所有的表现，但前提是他们专门教过孩子们相关内容，而且不只教过一次，而是反复地教过多次，同时通过模拟真实的评估，让孩子们熟悉评估的形式。随着项目式教学经验的积累，我越来越能接受学习者需要经历数年（而不是数周）来取得每一个小进步，也越来越认识到项目式学习的步骤需要更翔实，而非更精简。学习者共同完成了一份小组合约，说明他们已经在学习合作，而使用小组合约做出决策和解决冲突对学习者的要求更高，需要更多的时间和经验才能驾驭。一步步，慢慢来。

失败并非绝境，它也为我们带来了转机。因为学习者的反馈意见，我们开始寻求专业帮助，并从我们当地一家《财富》500强企业康明斯公司（Cummins, Inc.）① 请来了一支强大的执行团队。在为期

---

① 康明斯公司是一家设计、制造和销售柴油发动机及相关部件的美国公司。公司总部位于印第安纳州哥伦布。——译者注

数周的培训和一系列演示中，他们为我们展示了人们是如何围绕共同目标展开合作的。事实往往证明，失败，特别是早期的失败，是一位宝贵的老师。

要点：你评估什么就会得到什么，你只能评估你教过的东西。因此，如果你想让学习者具备合作、问题解决、创造力和坚毅等就业技能，你就必须明确地教授这些技能并对其进行评分。

从哪里开始

问问自己，在你的课堂上获得"A""C"或"F"到底意味着什么。试着从成绩册中挑出一些名字。写下三位学习者的名字，然后简单地列出他们得到这样的成绩的原因。你是否有一些学习成绩为"A"的学习者，他们很听话、很善良，但并不是真的掌握了内容？某位学习者从你这里得到了"C"或"F"，是因为他们没有通过测试，还是因为他们没有交作业？当我第一次做这个练习时，我意识到有一些学习者的内容掌握情况其实比他们成绩所反映的要好。我在成绩册上给他们的家庭作业打了零分，这遮盖了他们实际的内容掌握情况。

下面还有一些关于评分的反思性问题：

● 你认为你的评分应该代表什么？

- 如果一位学习者提交了所有作业并参加了讨论，但所有测试都没通过，他会得到什么样的评分？

- 如果一位学习者没有提交任何作业，但在所有测试中都取得了优异成绩，他会得到什么样的评分？

下一步，你还可以邀请一位同事和你一起讨论这些问题。深入探讨并试着挑战你对评分的一些看法。很多学校都开展了类似的讨论，你可以看看其他人是怎么说的。在网上输入"为什么不应该给零分"，看看你会有什么发现。不要害怕讨论，它只会引领你和你的学习者走向更有目标的学习。

思考问题

1. 请说出一位在你的课堂上得"A"的学习者。再说出一位在你的课堂上得"C"的学习者。继续说出另一位在你的课堂上得"F"的学习者。

2. 他们为什么会得到这样的成绩？

3. 他们是否掌握了学科内容？他们获得额外的学分了吗？他们是否掌握了学科内容，但漏交了作业？在你的成绩册上，他们的成绩是零分吗？

第十二章

学校层面的实施

有一个好的想法固然重要，但真正重要的是实施。

——威尔伯·罗斯（Wilbur Ross）

"**瑞**安，我知道项目式学习对导师和学习者来说都很棒。那现在，我该如何在我们学校开展项目式学习呢？"

在过去的十年里，几乎每天都有人问我这样的问题。这项工作我已经做了很长一段时间了，所以我很清楚我不能傻到尚未了解具体情况就直接回答这个问题。现在，当教育工作者问我这个问题时，我会请他们告诉我具体情况。如果你想要联系我（我很希望你能这样做！），为了节省你的时间，我在下面列出了在谈话中我经常会问的一些问题：

1. 你有没有为转向项目式学习找到一个强有力的理由？
2. 你将在个别班级还是整个年级开展项目式学习？
3. 你将如何与利益相关者（如教师、学习者、家长、社区合作伙伴）沟通即将开展的项目式学习？
4. 你将如何支持参加过项目式学习培训的教师？
5. 你将如何支持没有参加过项目式学习培训的教师？
6. 你将如何将项目成果公之于众？
7. 你将如何改变学校的教师专业发展？
8. 你的三年计划是什么？

   • 培训与支持
   • 愿景文档

这些问题会让你开始思考你的环境。在阅读下面四种实施模式以及每种模式的优点和注意事项之前，我希望你能有意识地思考一下你的环境。本章很适合你和同事共读，请他们和你一起畅想。参与变革过程的利益相关者越多，成功的机会就越大。并不存在一种完美的实施模式，所以你需要仔细阅读，找出最适合你所在环境的模式。尽管所有这些实施模式都有成功案例，但我还是最推荐"学习型团队"（Learning Teams）的模式，因此我为它留出了更多的篇幅，还特邀嘉宾来分享。

以下是在学校实施项目式学习的四种模式：

1. 校中校
2. 整校实施
3. 建新校
4. 学习型团队

校中校

"校中校"的实施模式常用于中学阶段。举个例子，你可能在一所拥有一千多名学生的初中或高中任教，你创建了几个项目式学习实验班，有 25% 的学习者将用项目式学习的方式来完成课标内容的学习。这些学习者通常会通过分层抽签的方式选出，以确保实验班学习者的构成与学校其他班级相同。

所有学习者仍然可以参加同样的特长班、体育运动、乐队和合唱团。开展项目式学习的班级可能看起来有所不同，但他们通常还是会有和学校传统班级一样的考试，使用一样的评估工具。这种"校中校"的模式，使得一些学区能够在无须将初中和高中完全转为项目式学校的情况下，为学习者在 K–12① 阶段开辟项目式学习的路径。

优点

- 能继续使用大量已有的资源。
- 项目式学习的成果是公开的，其他教师和学习者都能看到。
- 由于有很多变量保持不变，因此很容易衡量成功与否。"校中校"班级以及学校其他班级的教学成果易于收集。
- 学习者可以获得相同的特长学习和课外活动的机会。

注意事项

- 可能会造成学校不同教学形式班级的教职工和学习者之间的分化（"我们"与"他们"）。
- 针对不同的教学形式，学校要设计不同的教师专业发展路径。

整校实施

"整校实施"从字面上就能理解，即学校决定全面采用项目式学

---

① K-12 是指幼儿园（通常5—6岁）到12年级（通常17—18岁，相当于中国的高三）。——译者注

习作为教学模式，并开始培训教师。学区、校长、教师和家长对项目式学习有着共同的愿景，决定携手踏上这趟项目式学习的旅程。

沟通，往往是这一实施模式的关键所在，这样所有的利益相关者才会有同样的愿景。所有这些实施模式，本质上都要经历变革的过程。人们对变化有着天然的抵触，即便变化能够带来更好的发展。因此，在引入项目式学习时，我们需要让利益相关者都参与进来。让他们参与早期的学校访问和愿景共创。尽早地让利益相关者参与到变革的过程中来，能够为你的工作找到更多的外部支持者。

优点

- 团队有清晰、一致的愿景。
- 教师培训有连贯性，可以形成带教机制。
- 整个学校的文化具有一致性，能够产生协同效应。

注意事项

- 并非所有教职工都愿意加入这场变革。
- 社区成员和家长可能更习惯于自己小时候所接受的那种学校教育。

 兑现承诺与做出承诺同样重要。

——Y. S. 贾根莫汉·雷迪

（Y. S. Jaganmohan Reddy）

建新校

"建新校"也很容易解释，指的是一个学区开设一所以项目式学习为核心的新学校。在这所学校就读的每个人，都会意识到他们将以不同的方式开展学习，而且他们也知道为什么要这样做。高中阶段常常会采用这种模式。先从一群认同这种教学模式的学习者开始。

还有些时候，学区会建一所新的项目式学习学校，来满足当地企业或行业的人才需求。为响应当地企业对更多具备就业技能人才的需求，学区或社区可能会同意新建一所项目式学习学校，通过项目式学习的方式来培养学习者的就业技能。医疗、汽车、电子、焊接等行业都有可能会推动项目式学习学校的创建。

学区也可以通过创建新的小学来促进项目式学习在整个地区的发展。当学习者开始以一种新的、更投入的方式学习时，他们及其家长会积极拥护项目式学习在更高年级的推广与实施。

优点
- 校园文化的创建会更容易。
- 校园文化的传播也更容易。
- 由于教师和学习者都是主动选择加入的，所以他们会兴致勃勃地投入这一变革过程。

注意事项
- 如果未能充分沟通，有时会被视为另类学校。
- 可能无法与学区的其他学校很好地融合。

学习型团队

如果你问我哪种实施模式最有可能取得成功，我绝对会推荐"学习型团队"的模式。为了帮助大家了解这一过程，我请杰夫·斯潘塞来分享他的一些经验。杰夫曾在不同的学校多次实施项目式学习，而且在标准化考试、为学习者赋能等方方面面都取得了成功。

杰夫·斯潘塞现在在学区担任行政管理的职务，在此之前，他还担任过印第安纳州印第安纳波利斯南港小学（Southport Elementary School，简称 SES）的校长，该校曾获得过"Title I 杰出学校奖"[①]和"TAP 创始人奖"[②]的荣誉。杰夫还担任过新技术学校联盟的第一个小学教学示范点——华盛顿探索学校（Washington Discovery Academy，简称 WDA）的校长。在担任行政岗位之前，杰夫曾是七年级和八年级社会研究课的老师。正是因为七、八年级的学生对社会研究缺乏兴趣，杰夫才会开始探索项目式学习这种全新的教学模式，并从此一发不可收。

整个变革过程以及项目式学习的成功实施，都离不开教师团队的

---

① Title I 是美国联邦政府出台的一项用以保障低收入家庭学生教育质量的计划。联邦政府会向符合条件（有超过一定比例的学生参与了政府午餐减免计划）的 Title I 学校进行拨款。Title I 杰出学校奖，则是用于表彰全美范围内帮助学生取得优异成绩、获得积极进步的 Title I 学校。——译者注

② TAP 创始人奖由美国国家卓越教学研究所（National Institute for Excellence in Teaching，简称 NIET）主席兼 TAP 创始人创立，每年颁发给一所学校，以表彰该校通过实施和应用 TAP 体系提高了教育工作者的工作效率，促进了学生成绩的提高。TAP 是一套指向教师能力发展和教学质量提升的教师工作绩效评价体系。——译者注

认同、领导的支持，以及结构和流程上的转变。在深入探讨这些话题之前，我想分享我的故事，讲讲为什么项目式学习是指引我在教育之路上前行的一盏明灯。

十多年来，我一直对项目式学习充满热情。我以一名导师、教研员、管理者，甚至是家长的身份，参与过各类项目式学习。从一开始，项目式学习就让我的学习者知道了他们为什么而学，以及知识与现实世界的关联；也是从那时起，我成为项目式学习的一名实践者和倡导者。在印第安纳州印第安纳波利斯的迪凯特镇工作了 14 年后，我决定接受新的挑战，举家迁往印第安纳州的普利茅斯，出任华盛顿探索学校的校长，这是新技术学校联盟中一所 K-4[①] 阶段的项目式学习小学。

我很早就开始关注普利茅斯了，因为他们一直致力于在 K-12 的各个学段开展项目式学习，能加入这个团队我特别高兴。华盛顿探索学校是一所出色的学校，我在那里工作期间，我们被评为新技术学校联盟的第一个小学教学示范点，还获得了最佳项目奖。如果你正在考虑是否要开展项目式学习，我强烈建议你去这所学校参观一下。虽然在这所学校我成长了很多，也学到了很多，但普利茅斯离我的家乡印第安纳波利斯太远了，所以在印第安纳北部工作两年后我们又搬了回来。

我有幸被选中担任佩里镇南港小学的校长。南港小学也是一所极其出色的学校，获得过"Title I 杰出学校奖"和"TAP 创始人奖"。这里的教师团队简直太棒了，尽管推行项目式学习并不是学校最初聘

---

① K-4 是指幼儿园到小学 4 年级。——译者注

我来的目的，但我觉得这是再自然不过的事。

佩里镇采用了美国国家卓越教学研究所的最佳实践量规，在日常课堂上加入能吸引学习者、与学习者相关的学习内容，培养他们的探究能力、好奇心和探索精神。还有一些更高层次的指标，例如让学习者提出问题并尝试解答、给予同伴高质量的反馈，以及用所学知识解决真实问题来提升在实际场景中的思考能力。听起来很像项目式学习，对吗？即便如此，老师们仍不满足，还在寻找能让他们的教学更进一步的方法。离开普利茅斯时，我以为我的项目式学习之旅可能要就此告一段落了，但事实上，我找到了另一个实施项目式学习的完美场所。

在领导变革的过程中，重要的是要考虑这些关键要素：教师团队的认同、领导的支持，以及结构和流程上的转变。在启动之前，我们可以不安排任何项目式学习培训，但我们需要为关键转变和学习留出时间，以便我们的项目式学习旅程能获得更多支持。

＊教师团队的认同

教师团队的认同是第一个关键的转变。在第一次集体活动时，我们用了"连接"这个规程来创建团队文化，并在低风险的环境中引入规程工具。我们还一起观看了西蒙·西内克的演讲，了解"为什么"的力量，并请老师们记录他们成为教育工作者的理由。之后一整年，这些理由都被挂在了员工休息室的墙上。老师们还用可视化的方式，描绘出了我们理想毕业生的特质和特征，并发现其中很多都是可以通过高质量的项目式学习来培养的。当老师们对项目式学习有了初步了解后，我们就请他们尝试从小处着手，让学习与真实生活产生更多连接。最后，在每周的教师会议上，我们会重点讨论实践过程中的思考，以及如何将学习与学习者更紧密地联系起来。这些早期的转变为后续项目式学习工作的开展奠定了基础，也让老师们对各种可能性兴奋不已。

秋假期间，大约有20位老师前往普利茅斯参观华盛顿探索学校，了解该校是如何开展项目式学习的。这次参观使老师们能够将实践与理论相结合。老师们要完成的挑战性任务是，现场拍摄照片和视频，回来后面向全校老师进行分享。就这样，这群满腔热忱的老师向整个教师团队分享了他们的收获与反思。至此，项目式学习作为一种教学模式在我们学校获得了一致的认同。

在领导变革的过程中，重要的是要考虑这些关键要素：教师团队的认同、领导的支持，以及结构和流程上的转变。

——杰夫·斯潘塞

＊领导的支持

身为领导者，为教师提供支持是我们实施变革的一个重要方面。我们学校很幸运，拥有一支勤奋的教师队伍，他们对学习者寄予厚望，并以极高的标准要求自己。作为领导者，我们不仅要鼓励冒险和可能的失败，还要支持教师对这些经历进行反思。除此之外，我们还需要一个愿景来吸引人们与我们同行。我们从一开始就要坦诚地告诉团队成员，这是我们认为对的事情，但同时也要让他们知道，我们不是在安排一项任务，而是要将它融入学校的文化。最后，我们要支持团队里的早期接纳者，让他们能够发光发亮。

这种支持体现在很多不同的方面。在教师实施第一个项目时，我们的管理团队、教研员会观察他们的课堂并提供反馈意见。我们学校很幸运，团队里有三位获得项目式学习认证的教师，这使得我们可以为计划开展项目式学习的老师提供日常性指导。最后，在项目结束后，我们会向教学团队发送项目反思表，来帮助他们对自己的工作进行有意义的反思。

＊结构和流程上的转变

2017—2018 学年结束时，我们为项目式学习的下一步实施设计了关键的结构和流程。所有教师都收到了邀请，可以申请参加暑假的项目式学习专题培训。但前提是，他们要承诺：在培训前进行一些线上学习并完成项目的初步设计，全程参与"放大学习"为期两天的培训，在 2018—2019 学年实践他们的项目，参加 PBL 学习型团队每月一次的例会。

两天培训的目的是加深教师对项目式学习的理解，支持他们优化一个项目的设计。除此之外，教师还要以"我们为什么要开展项目式学习"为题进行一次"电梯演讲"（elevator speech）[①]，并为学年内项

---

① 电梯演讲最早是销售员利用乘坐电梯的时间，快速向客户进行产品推销和展示。后来泛指就某个话题或理念进行简短的演讲和展示，目的是在短时间内传达要点，并给人留下深刻印象。——译者注

目的持续开展搭建结构。

这一学年的项目实施过程虽有波折，但最终取得了巨大的成功！我们在 PBL 学习型团队内部又成立了一些行动小组，来支持整个团队的成长，与利益相关者分享我们的故事，以及引入外部专家来确保项目实施的质量并创造机会让更多人看到项目成果。这些小组在这一学年里取得了以下成果：

- 根据项目组建了 PBL 学习型团队内部的诤友反馈小组（Critical Friends Groups）。
- 通过项目式学习简讯向家庭、社区和教师团队分享项目式学习实施情况。
- 组织教师团队早餐会，向教师介绍具体项目和学校整体开展项目式学习的进程。
- 申请成为经印第安纳州教育厅认证的 STEM[①] 学校。
- 组织秋季和春季学期的项目式学习社区合作伙伴早餐会。

这些组织是项目式学习成功实施的关键，也让我们在全校铺开之前，通过小范围内的试点，了解了项目式学习在我们学校落地的样子。第二年夏天，我们全体教师参加了"放大学习"的现场培训，计划在 2019—2020 学年推进项目式学习在我们学校的全面实施。

---

① STEM 是科学（Science）、技术（Technology）、工程（Engineering）、数学（Math）的首字母缩写，是指在课程中融合应用这几个领域的跨学科知识和能力。STEM 课程的实施常采用项目式学习的教学模式。——译者注

我们的旅程是独一无二的，而成功实施的一个关键就是个性化定制。实施项目式学习的过程中需要考虑的要素很多，你必须根据你们学校教师和学习者的具体情况来确定。与此同时，有些要素在任何情况下都不容忽视。你需要思考如何鼓励教师参与进来，为他们的工作提供支持，创建必要的结构和流程。这是我第一次在项目式学习实施过程中采用"学习型团队"的方式，它对我们来说是成功的。我们知道了哪些方法是有效的，并准备把项目式学习推广到所有课堂，面向所有学习者。

优点

- 能收集到学校所有学习者的数据，让其他教师能看到项目式学习的效果。
- 源自教师自下而上的自发探索，并非学校自上而下的强制要求。
- 一线教师发自内心地认同。

注意事项

- 管理者需要耐心和做好规划。
- 为学习型团队最初的成员创造积极、严谨的体验，这会直接影响项目式学习在你们学校的定位。

小结

"我们知道了哪些方法是有效的,并准备把项目式学习推广到所有课堂,面向所有学习者。"

杰夫·斯潘塞的最后一句话实际上就是本章最重要的观点。你和你的团队必须研究出适合你们学校的方法,选择最佳的实施模式。无论选择哪种模式,你都要尽早寻求帮助并让主要的利益相关者参与进来。许多学校已经成功实施了项目式学习,你可以向他们学习。不必独自埋头苦干。

思考问题

1. 在开始规划项目式学习实施过程时,你需要让哪些主要的利益相关者参与进来?
2. 你可以从哪些地方看到项目式学习的一线实践?
3. 你目前在做的哪些工作有助于项目式学习的实施?

第十三章

领导力

领导力是将愿景转化为现实的能力。

——沃伦·本尼斯（Warren Bennis）

每当我看到一所项目式学校的领导力得到提升并卓有成效时，我知道这种效率绝不会仅仅来自组织的某个层面。为了确保我们能够关注到各个层面的领导力，我们将在本章中探讨校长、教师和学习者的领导角色。领导力从不意味着单打独斗！我将分别从变革过程、团队以及合作三个方面来审视这三种角色的领导力。当校长、教师和学习者在变革过程中形成合力，协同工作时，我们会看到一个积极投入、硕果累累的学习组织。

校长—变革过程

虽然校长在初次任职之前都要取得资格证，接受相关培训，以确保他们能够处理法律和课程方面的问题，但是变革过程的难度和重要性却鲜少被关注。每位校长都是带着对学校的美好愿景走上这个岗位的，但他们很快就会发现，实现这一愿景的过程相当复杂。利益相关者对学校的看法各不相同，当你想朝着某个新方向前进时，你便踏上了变革之旅。

在启动项目式学习所需的变革过程之前，我建议校长们认真思考以下问题。上一章也列出了这些问题，但这里我做了一些补充，供校长们参考。

- 你会要求教师在个别班级还是整个年级开展项目式学习？

- 你将如何与教师、学习者、家长、社区合作伙伴沟通学校对项目式学习的转向？

- 你将如何支持参加过项目式学习培训的教师？

- 你将如何支持没有参加过项目式学习培训的教师？

- 你将如何将学习者的项目成果公之于众？

- 你将如何改变学校的教师专业发展？

- 提出一个可以与他人分享的强有力的理由。

  - 人们为什么要追随你的新方向？

  - 项目式学习将如何帮助你的利益相关者拥有更美好的未来？

- 未来三年，你将如何支持这场项目式学习变革？

如果有两个以上问题你不知道该如何回答，那么在启动变革过程前，你可能需要更多的培训、合作和研究。

如果你之前从未考虑过这些问题，也不要气馁。这将会是一个好的起点，引领我们找到校长所需的团队。

校长—团队

对于校长来说，团队是项目式学习变革过程至关重要的早期补充，有助于分摊工作，让大家建立起对项目式学习的认同。如果你还没有组建好团队，可以阅读上一章中杰夫·斯潘塞领导团队实施项目式学习的故事。你会发现团队自始至终都参与其中。想凭一己之力推动变革注定是要失败的，而且是无益于成长的失败。

在阅读本书的同时，你可以开始组建一个非正式团队。告诉一小群利益相关者，你正在对项目式学习进行初步研究，它看起来很有前途。让他们也读读这本书，然后开始与他们交流想法。问问他们，觉得推行项目式学习哪些方面可能会遇到困难，以及他们能够提供哪些帮助。在你和一群人一起学习这本书的过程中，你就可以开始从中物色愿意加入你的学习型团队的成员了。

校长—合作

你希望所在学校和学区能有一个本地团队来协助你实施项目式学习，但你也应该打开关系网，让其他一些对你即将开展的工作有所了解的校长加入进来。

现如今，很多校长都在实施项目式学习的过程中积累了不少成功故事和失败故事。找到这些人，向他们提问，了解他们的故事。这些创新者通常都会乐于讲述他们实施项目式学习的经验。尽管你仍需要从中找出适用于你们学校的经验，但你可以开始构建一个网络，以便你能够获得支持、资源和建议。

在"放大学习"，我们组建校长智囊团，有意地把志同道合的创新者联系起来，共同推动现状的改变。智囊团里都是校长，他们会理解你作为领导者的孤独。当你有远见卓识却无法与同事分享，当你的工作与家人和邻居的工作大相径庭，以至于你找不到人讨论时，你就会产生这种孤独感。校长智囊团之所以蓬勃发展，是因为这里的校长已经准备好和你一起直面挑战，他们高瞻远瞩，帮助你建立关系，从而突破困境。

加入校长智囊团有一个申请流程，并非每份申请都能通过，一旦加入其中，你就会明白这样做的必要性。你必须高水平工作、具备成长型思维，并做好准备给予和获得价值。谈及校长层面的合作，你需要找到一个安全的地方，在这里你可以和水平相当的人一起讨论那些重大的想法。

领导力，就是要有令人信服的愿景、缜密全面的计划、坚持不懈的执行，以及才华横溢的团队。

——艾伦·穆拉利（Alan Mulally）

教师—变革过程

在校长努力带领更广泛的利益相关群体完成变革的过程中，教师必须从自身做起。

即便你在读完本书后对项目式学习充满激情，你也需要认识到，自己很可能曾在 K-12 阶段的传统教育环境中取得了学业上的成功，而大学教育更让你确信，这种学习方式是不可改变的。在我与全美各地的教师合作时，我意识到尽早地指出这一点很有帮助，这样你就能为自己思维模式的转变做好准备。在以教师为中心的课堂上，我们传授知识，学习者汲取知识，但这样的课堂已经行不通了（如果曾经行得通的话）。我们必须以某种形式放弃控制，并认识到我们精湛的教学技能并不能改变人生。再好的教案，如果不能让学习者突破他们的现状，那也是白费；而再微小的自我探索的机会，也有可能唤醒麻木青少年内心深处的好奇心。学比教更重要。

用一个简单的例子来说明学比教更重要，那就是想象一堂你自认为最好的课——你知道学习者都会喜欢并积极投入的一堂课。接着，想象你在学习者毕业前的最后一天上这堂课会是什么效果。这依然是你最好的一堂课，但我们都知道，最后一天了，学习者并不会从这堂课中学到很多东西。

你讲授更多的内容、布置更多的作业、做更多的评估，只会让学习者更被动，让你筋疲力尽。学习者需要的不是更多，而是不同。当你将本书中的思维模式、流程和资源带入课堂时，请做好转变的准备。你准备好了，你的学习者也就准备好了。

教师—团队

"团队合作让梦想成真。"尽管我不知道这句话的出处，而且我的学习者可能也已经听腻了，但这是真的。不要单独行动！你需要有一个团队来帮助你、鼓励你，与你分享想法，帮你分担工作。

当你找到一个愿意与你共赴项目式学习之旅的团队时，你便有了一群志同道合的伙伴。思维模式是关键，它将帮助你解决可能遇到的任何局部问题。在小学，你可以按年级来组建团队，也可以分低年级团队和高年级团队。在中学，组建团队时，你可以考虑把年级和学科混合。多样性往往有助于解决问题，所以不要害怕组建一个平时可能不会碰面的团队。

每周设定一个固定的碰面时间（上学前或放学后），然后一起开始你们的旅程吧！

教师—合作

你还可以与校区内外的其他教师合作，以获得新的视角和新的工具。社交媒体可以帮助你找到志同道合的教育工作者。那些使用项目式学习开展教育的人很乐于把新手带入他们的圈子，这有助于分享他们的专业知识。

学校参访，是建立教师网络的另一个好方法。利用教师发展日去参访一所项目式学习学校，而不是参加会议。我敢保证，参访学校比参加会议学到的东西更多！进入真实课堂去看看学习者在做些什么，然后利用午餐或课间休息时间与导师交流。你可以就观察到的事情现场提问。在离开之前，确保你获得了导师的联系方式，以便你在开始实施项目式学习时与他们分享自己的收获或提出疑问。这些导师会很乐意分享他们的经验，你也许可以把他们的某些课程设计带到你的项目中。如果你在寻找参访学校时需要帮助，请查看我们"放大学习"网站上的示范点清单。

学习者—变革过程

和教师一样，学习者也需要时间来调整思维模式，以适应你对他们的新期望。

在此之前，教师对学习者的期望很可能是"安静""按我说的做""在这张纸上写下你认为我想要的东西"等，然后，学习者以分数取胜。这是一种非常被动的状态，学习者总是静静地或固执地等待着教师来布置下一件他们要做的事情，以获得分数。他们会感谢项目式学习带来的改变，但也会遇到一些潜在的思维障碍。

很奇怪，成绩优秀的学习者最初可能会遇到最大的问题。那些成绩优秀的学习者，已经摸清了学校的游戏规则，知道如何获得分数，也知道如何在学校里获胜。对他们而言，在学校里获胜意味着得到更多的分数，而不是进行更多的思考。他们很可能已经想好了用何种方式来最好地满足你评价量规里的要求，或完成你选择板中的任务。但从长远来看，他们会理解项目式学习，并在应用知识的过程中受益匪浅。

如果你还记得第一章中我的学习者斯凯勒，你应该有印象，他对分数完全不感兴趣。当你告诉他不交作业会影响他的成绩时，他根本不在乎。一旦发现分数和成绩在他的世界里并不重要，他就会变得更加麻木。通过项目式学习，让学习者理解"为什么"而学，你就能提升学习者的参与度，让他们意识到为什么这种改变对自己有好处，从而获得大多数学习者的真正认同。

学习者—团队

我们鼓励学习者进行团队合作，因为这是雇主们普遍看重的一项特质。想要在毕业后取得成功，他们就必须具备团队合作的能力。在使用了第五章中提到的小组合约后，我发现学习者小组的运行，比我自己所在的一些州级教师研讨小组还要顺畅！你的学习者也可以做到，这对他们有好处。请记住，即便你的学习者对小组合约的结构提出异议，他们实际上也想要这样的结构。任何团队要想高效、和谐地工作，都要有一定的结构。

一旦你的学习者明白了团队合作的益处，他们将成为大学里主动组建学习小组的那些人，他们也会是职场中被提拔为主管的那些人。团队合作能力绝非天生，可以通过后天培养。这项能力对学习者非常重要，绝对值得我们投入时间来传授和示范！

学习者—合作

即使在非正式小组或团队中，你的学习者也可以进行合作。我们希望帮助学习者与不同的人群互动。当他们处于一个随机分配的小组或使用优化规程进行反馈时，你希望他们表现专业以取得成果，而不是冒犯他人或做出情绪化回应。你的学习者如何才能学会与素未谋面、背景可能与他们大相径庭的社区合作伙伴互动？只有在安全、结构化的学习环境中练习，学习者才能掌握合作技能。

这种合作技能是项目式学习最有力的成果之一。为学习者提供反复练习的机会，直到他们将合作发展成为一种技能，这也为他们的未来发展赢得了先机。如果一个人不知道如何与陌生人交谈，那么他知道如何使用复合句几乎毫无用处。与社区合作伙伴交谈过的学习者，在面试时，就会比没有类似经验的学习者准备得更充分。应聘者如果无法在高压环境下交流自己的专业知识，即便他是某份工作的最佳人选，最终也无法获得理想的工作。无论哪位雇主都会给出否定的答案。相反，如果你的学习者能够直视陌生人的眼睛，与他们握手，并对问题做出深思熟虑的回答，那么你的学习者一定会脱颖而出。

***

项目式学习的领导力绝非仅仅指校长。当我们所有人都能发挥领导作用时，项目式学习就能为学习者、学校和社区带来真正的改变。找到一个具有正确思维模式的团队，即刻开启这场关于变革的对话。

如果你能让组织中的所有人齐心协力，你就可以在任何时候、任何行业、任何市场、任何竞争中占据主导地位。

——帕特里克·兰西奥尼（Patrick Lencioni）

成功故事

詹姆斯是一位成绩优异的学习者。他很了解学校的运作模式，总能取得高分。当我们引入项目式学习时，詹姆斯陷入了迷茫，他不知道自己该如何在新的游戏规则中继续得分。他召集了一群伙伴，自称"书呆子小组"，与导师们交谈。他们不明白这种改变对他们有什么意义，因为他们在当前模式下一直做得很好。

我们认真听取了他们的意见，并对他们的深入思考表示赞赏。我们再次向他们解释了项目式学习的好处，以及我们为什么要努力把课堂上学到的知识应用到现实世界中。尽管我们需要不断地向这些成绩优异的学习者解释这么做的意义，但最终他们认可的解释是：我们目前在校内做的很多项目可以帮助校外的人们。另外，社区合作伙伴不断传递的信息也起到了作用。这些校外人士提到，比起平均成绩，他们更关心的是团队合作、批判性思维、解决问题以及沟通的能力。

詹姆斯现在是一名历史老师，在自己的课堂上，他也采用了项目式学习的方式。他坦言最初自己想选一条更容易的路，但现在他已经亲身体会到，项目式学习对学习者来说是最好的选择。

失败故事

一个曾经蓬勃发展的项目式学习校中校项目，在行政管理方面的几次调整后，慢慢地销声匿迹了。一群敬业的教师自下而上推动了这场变革，但学校的管理团队还不够成熟，无法应对人员变动。

仅仅把工作出色地完成是不够的，我们要能够创建结构、团队和流程，这样组织才能够不依赖于少数人的才能和个性，获得更长远的发展。学校各个层面的领导力对这项工作的可持续发展至关重要。

要点：没有人能够独自开展有效的项目式学习。这项工作非常重要，需要组建一个团队。所以，从今天开始招募吧！

从哪里开始

无论目前处于项目式学习之旅的哪个阶段，你都可以开始努力成为一名领导者，创建一个支持性团队。如果你已经开始尝试实施项目式学习，但学校里只有你一个人在做，那就招募几个伙伴以某种方式加入吧。你还可以联系已有的项目式学习社群，从中寻找一两位合作伙伴。就算是通过书籍、播客或视频进行远距离合作，也要确保你的信息和灵感来源是可靠的。

如果你在项目式学习的道路上已经站稳脚跟，请不要忘记是什么让你走到这一步的。我见过太多出色的项目式学习学校因为核心成员的离开和没有建立起稳固的团队而失败。花点儿时间来评估一下你们的领导力是很有必要的。你们是否有团队来支持校长、教师和学习者的工作？如果发现其中某个方面存在不足，请开始讨论如何让相关团队变得更主动、更强大。

思考问题

1. 在你们学校，谁能够成为你们团队的下一名成员？

2. 谁需要更多的团队支持？

3. 如何支持下一代项目式学习教师？

4. 你们最强的团队在哪里？

结束语

终身学习者

教育的目的，是让年轻人具备终身学习的能力。

——罗伯特·M. 哈钦斯（Robert M. Hutchins）

这本书一定不会出现在自助类书籍的架子上，因为这不是一项你可以独自完成的工作。项目式学习需要合作才能成功。你可以从孤身一人开始（在网上搜索"没穿上衣的跳舞男子"，即"shirtless dancing guy"[①]），但你需要追随者与协作者来帮助你解决问题和进行创新。将项目式学习带给学习者的真正关键，是你自己首先要用这种方式生活。你需要批判性思考你一直在做的事情，修改你的作品，公开你的作品，做所有你要求学习者做的事情。你自己也必须是一名学习者。

归根结底，我们的目标不是让你成为一名优秀的教师，而是让你的学生成为卓越的学习者。你可能已经注意到我在本书中尽量避免使用"学生"一词。"学生"具有被动的含义。我使用"学习者"这个词，是因为它代表着持续的行动。而你的工作就是促进这种了不起的行动。当你开始扮演这个新的项目式学习角色时，你甚至可能不再称自己为教师，而改用"导师"这个更为恰当的称谓。

---

① "没穿上衣的跳舞男子"是一段在互联网上广为流传的短视频。视频中，一位没穿上衣的男子在音乐节现场独自舞蹈，最开始旁观者感到困惑和好奇。然而，很快有第二、第三个人加入，跟随他一起跳舞。最终，整个现场的人都纷纷加入这个跳舞的行列，形成了一场小型的"运动"。这段视频常被用作领导力和影响力的生动教材，说明了如何从一个小小的初始动作引发一场大规模的参与和跟随，展现了一名领导者是如何吸引"早期采纳者"并最终带动大众一起加入进来的。——译者注

这不是一个容易的过程，但我想告诉你这非常值得。你选择投身教育事业，并不只是为了帮助孩子们达到平均水平，而是为了给孩子们带来更多机会，让他们知道自己是这个世界的财富和礼物，让他们知道必须为这个世界贡献自己的才能。想要激发学习者真正的潜力，就必须在课堂上为他们提供实践的机会。如果我们不给他们第一次机会，并指导他们如何去做，那他们在现实世界中就不会与专业人士交流。我们还要以身作则，以同样的标准要求自己，这也是在为他们做出榜样。我们必须有源源不断的动力，为那些本没有机会的孩子带来越来越多的机会。他们会充分利用每一次机会吗？当然不会。他们还在练习中。但是，只要我们不放弃，他们就会在关键时刻抓住机会。我想，这也是你选择这份事业的初衷吧。感谢你对这份事业的执着追求！

┤ 成功故事

本书汇集了众多精彩的故事，如果没有卓越的导师在一线为学习者做着令人惊叹的事情，本书就不可能完成。和更多人分享你旅途中的成功故事，同时也不要独自承担失败。全都分享出来，然后继续前行。利用现有的平台，向全世界展示你课堂上的精彩故事。我们不能再将这些卓越的成果锁在教室中了。把它分享出去，让它传播开来！

┤ 失败故事

唯一令人失望的失败故事，就是你在读完本书后没有采取任何行动。本书的目标是为你提供信息，激励你开始你的项目式学习之旅。现在，你已经知道了这段旅程会有成功和失败，但你抓到这里的重点了吗？这本书的重点是：不必等到完美时才开始，现在就可以启程！你需要尽快启程，但不要孤军奋战。你要知道，每一次成功都会激发更多的成功，而失败只是我们通往成功路上的垫脚石。

要点：项目式学习可以改变人生，包括你的人生！

从哪里开始

学习，接受培训，实践，反思。然后无限次重复。

思考问题

1. 接下来你还需要什么来推进你的项目式学习旅程？信息？灵感？行动？培训？
2. 你可以从哪里迈出一小步，来推进你的项目式学习旅程？
3. 有没有一所目前已经在开展项目式学习的学校，你可以预约前往参观？

致　谢

　　本书确实是站在巨人的肩膀上写成的。这些巨人，是在课堂上与我并肩作战，为这项工作开辟道路的老师们。这些巨人，是第一批学习者，曾经帮助我搭建了这项工作的雏形，而现在他们投身世界，继续自己的下一个成功篇章。这些巨人，是资深的导师，他们看到了对孩子们有益的东西，于是毅然决定投身其中。这些巨人，是正在阅读本书的新老师，他们期待着孩子们能取得更好的成果。感谢你们每一个人的付出。

　　感谢我的妻子和孩子们，在很早的时候，他们就和我一起乘坐一辆二手旅行拖车，把项目式学习传播到全美各地。那些岁月充满了欢乐、探索和爱。让冒险继续吧！

　　感谢我的父母，他们始终给予我选择的自由，并向我展示了一个等待探索和创业冒险的世界。

　　感谢"放大学习"团队的伙伴们，他们相信项目式学习的强大力量，并不断践行项目式学习，因为他们知道，项目式学习能让世界变得更美好。

　　感谢摩根·詹姆斯出版公司（Morgan James Publishing），特别是戴维·汉考克（David Hancock）和埃米莉·麦迪逊（Emily Madison）。因为他们，这本书才能被更多人看到，从而更好地造福我们的下一代。

　　感谢我的编辑奥布里·科莎（Aubrey Kosa），她的专业知识使书中的内容更为清晰。非常感谢她帮助我从众多想法中提炼出对读者有益的信息。

感谢每天身处教学一线、坚守教育初心的老师们。你们并不孤单，你们正走在正确的道路上！

图书在版编目（CIP）数据

极简项目式学习：6 步让 PBL 从想法变为现实 /（美）
瑞安·施托伊尔（Ryan Steuer）著；沈立岑译 .
北京：中国人民大学出版社，2025. 5. -- ISBN 978-7
-300-33807-1

Ⅰ . G424.21

中国国家版本馆 CIP 数据核字第 20257Q0F02 号

著作权合同登记号
图字：01-2023-2012 号

极简项目式学习：6 步让 PBL 从想法变为现实

［美］瑞安·施托伊尔（Ryan Steuer）著

沈立岑 译

Jijian Xiangmushi Xuexi: 6 Bu Rang PBL Cong Xiangfa Bianwei Xianshi

出版发行	中国人民大学出版社		
社　　址	北京中关村大街 31 号	**邮政编码**	100080
电　　话	010 - 62511242（总编室）	010 - 62511770（质管部）	
	010 - 82501766（邮购部）	010 - 62514148（门市部）	
	010 - 62515195（发行公司）	010 - 62515275（盗版举报）	
网　　址	http://www.crup.com.cn		
经　　销	新华书店		
印　　刷	北京华宇信诺印刷有限公司		
开　　本	720 mm × 1000 mm　1/16	**版　　次**	2025 年 5 月第 1 版
印　　张	13.25　插页 1	**印　　次**	2025 年 5 月第 1 次印刷
字　　数	155 000	**定　　价**	68.00 元